了不起的青春期男孩

10~18岁男孩要知道的30个成长法则

朱雀为夏 / 著

中国妇女出版社

图书在版编目（CIP）数据

了不起的青春期男孩 ：10～18岁男孩要知道的30个成长法则 / 朱雀为夏著. -- 北京 ：中国妇女出版社，2022.1(2023.12 重印)

ISBN 978-7-5127-2047-3

Ⅰ.①了… Ⅱ.①朱… Ⅲ.①男性－青春期－健康教育 Ⅳ.①G479

中国版本图书馆CIP数据核字（2021）第207504号

了不起的青春期男孩——10～18岁男孩要知道的30个成长法则

作　　者：朱雀为夏　著
策划编辑：肖玲玲
责任编辑：肖玲玲
封面设计：尚世视觉
责任印制：李志国
出版发行：中国妇女出版社
地　　址：北京市东城区史家胡同甲24号　　邮政编码：100010
电　　话：（010）65133160（发行部）　65133161（邮购）
网　　址：www.womenbooks.cn
法律顾问：北京市道可特律师事务所
经　　销：各地新华书店
印　　刷：北京通州皇家印刷厂
开　　本：145×210　1/32
印　　张：7
字　　数：110千字
版　　次：2022年1月第1版
印　　次：2023年12月第4次
书　　号：ISBN 978-7-5127-2047-3
定　　价：49.80元

登场人物介绍

冬冬

性别：男

职业：萌宠

属性：博学多才，能吃能睡，
精力旺盛

一只天赋异禀、会说话的狗，为了不被当作异类，一直隐藏着自己的秘密。一个偶然的机会被主人家中的表兄弟二人发现后，他的任务除了隐藏自己会说话的秘密外，又多了一项——帮助这两个青春期男生解决生活中的小烦恼。

风风

性别：男

职业：学生

属性：对于事情很执着，性格腼腆

哥哥，性格温和，是个小绅士。他有些胆小，在发现家里的狗会说话的时候，整整吓呆了15分钟。但是面对弟弟和小狗冬冬的事情时，从来都不胆小，绝不允许别人欺负弟弟和冬冬。学习非常好，经常指导弟弟的学习。因为善于倾听，平时弟弟有什么烦恼，总会向他倾诉。

行行

性别：男

职业：学生

属性：开朗乐观，时常神经大条

弟弟，活泼欢快，有着迷之自信，虽然这种自信很容易受到打击，但同时又极易恢复。热爱运动，喜欢看侦探小说，梦想是成为福尔摩斯和乔丹的结合体。

目录

CHAPTER 1

青春期的惊喜大“变身”

CHAPTER 2
青春期为什么有那么多困惑

CHAPTER 3
在友谊中获得成长力量

CHAPTER 4
喜欢一个人会变得更幸福吗

CHAPTER 5
爱学习的男生会发光

CHAPTER 6

不可不知的网络生存守则

CHAPTER 7

跟父母沟通真的那么难吗

CHAPTER 1

青春期的惊喜大“变身”

我们“变身”啦

行行：哥，好羡慕你，又长高了！

风风：我也没想到，一个暑假会突然长这么多。原来我是班里的中等个头，现在竟然成了班里最高的学生了，看来有希望去竞选升旗手喽！

行行：唉，我才一米六，班里很多女生都比我高，上次有个女生在操场追了我整整一圈，就快丢死人啦。

风风：女生本身就会比男生发育得早一些呢。

行行：啊？为什么呀？

风风：一般情况下，女生开始“变身”的时间在10岁半左右。而男孩子则会比女生晚两三年，在13岁左右开始“变身”，14岁的时候就是我们“变身”速度的巅峰期，到了16岁则会开始减缓“变身”的速度。

行行

难怪我们班里个子最高的同学是女生呢。

冬冬

在青春期，除了长个子，男生还会有很多其他变化哟。

行行

什么变化呀？

冬冬

这个嘛，那就看看下面的“冬冬小课堂“喽！

男生进入青春期后，马上就会开始“变身”啦！

• 个子

青春期是我们身高增长的加速阶段。这个阶段是我们除了婴儿时期外长得最快的一段时间。

有人说，青春期的男生过了16岁后就不会再长高了。放心吧，还是会长的，只不过会比之前慢一些而已。大多数人在青春期这个阶段会长28～31厘米。

与此同时，我们的体重也会增长。这个阶段，有些男生会为体重而苦恼，不过，千万不要因为太担心体重而过分节食，这会影响到我们长个子！什么时候都可以减肥，但错过长个子的黄金期就真的错过了。

毛毛

男生在进入青春期后，面部、四肢、阴阜（身体前方被内裤遮羞的部位）和腋下等部位都会长出一些毛毛，这是因为身体开始分泌雄性激素。

面部的毛发通常先在上唇出现，然后才在下巴出现。另外，腋毛往往会比阴毛出现得迟一些。有些男生在20岁左右还可能会长出胸毛呢！

当然，身体上的毛毛在刚开始长的时候会稀疏细软些，渐渐地就会浓密起来了！

什么？你说长毛毛不好看？

这是每个人身体原本都应长出来的，也是男性成熟的象征呢！

• 变声

“变身期”连声音都会开始产生变化哟!

你会发现自己的声音忽而尖锐，忽而低沉，如同身体里装了两个不同的人。这是由于喉结发育和声带变宽造成的。

在这个阶段，咽喉分泌物会增多，容易出现局部充血水肿，受到损伤，还可能会出现“公鸭嗓”。

不过不用担心，只要在这个阶段好好保护嗓子，不要经常大喊大叫，适当多饮水，我们的声音就可以慢慢变得浑厚好听喽!

• 喉结

男生和女生都有喉结。

人的喉咙是由11块软骨组成，当我们还是胎儿的时候，喉软骨就开始发育了，到五六岁时就基本停止生长了。

直到进入青春期，我们的喉结才会再次发育。由于雄性激素分泌的原因，男生的喉结通常会比女生更加突出一些。

• 阴囊

阴囊是男生外阴部那两个垂着的鸡蛋状器官，所以人们也常常称它们为“蛋蛋”。阴囊里包裹着睾丸、精索、附睾等。

进入青春期后，随着睾丸的变大，阴囊也会开始变薄、变暗，并且会下移。

• 阴茎

阴茎，俗称“小鸡鸡”“小鸟”“小弟弟”等。阴茎主要由两个阴茎海绵体和一个尿道海绵体组成。

进入青春期后，男孩子的阴茎也会开始变粗、变长，通常在14～15岁时就发育得比较成熟了。

男生的问题

爸妈个子不高，会影响我将来的身高吗?

身高和基因遗传息息相关。当然，就算父母个子不高，孩子依旧可能通过后天锻炼、营养补充、良好作息等方法超过父母的身高。况且，就算不能长得很高也没关系啊。现在又不是原始社会，需要大个子去捕猎。现代社会最重要的是脑子，智慧才会让人充满魅力。

怎样才能长得更高

行行：哥，你原来不是不爱打篮球吗？怎么最近比我打得都勤了。

风风：上周末你去外地，我一个人没事干，就做了一天的题，结果起身时头晕目眩，趴在桌子上站不起来了。幸亏冬冬及时叫来了爸妈，不然我就算晕倒在屋里几个小时，他们还以为我在做题呢。

行行：啊？我就两天不在家，你竟然就命悬一线。看来以后我周末还是陪着你吧，不然你又是一个人做一天的题，连饭都不想吃。对了，你后来去医院检查了吗？

风风：做了一堆检查，什么问题都没有，医生说我本来身体素质就不好，再加上坐的时间太长，又一天没吃饭，所以就晕倒了。

行行：原来如此，你这几天打篮球也是为了提高身体素质？

风风

没错。不过前几天冬冬跟我说，打篮球不仅能提高身体素质，还能促进长高呢。

行行

真的假的？哥，你可不要骗我。

冬冬

当然是真的啦！不光是打篮球，只要是弹跳性的运动，都可以帮助我们长高哟！

行行

那除了篮球外，还有哪些运动是弹跳性的运动呢？

冬冬

那就进入小课堂听我慢慢道来吧。

虽然说身高受基因的影响，但是通过观察我们发现，现在的人是一代比一代人高，原因在于，我们吃得比过去更有营养，也有着内容更为丰富的体育锻炼。

我们没必要因为身高有太多压力。即便长得不高，我们也可以通过智慧、才艺、社交能力等方面去体现自己的魅力。不过，如果能在青春期阶段多挖掘一下长高的潜力，又何乐而不为呢？

那么，通过哪些方式可以帮助我们长高呢？

运动

运动不仅能调节心情，提高身体素质，还能促进身高增长。

要注意选择可以促进增高的运动项目，比如，选择一些户外运动，利用阳光照射促进体内维生素D的合成以及钙的吸收，从而促进长高；也可以选择一些有助于训练弹跳力或者有助于韧带拉伸的运动，如排球、篮球、羽毛球、网球、跳绳、跳舞、游泳等。

不过要注意的是，很多事情都是过犹不及的。运动也是同样的道理，每天运动一两个小时就可以了。如果经常进行消耗量巨大的运动，如马拉松或者举重，反而会影响我们的身高。

另外，任何你不喜欢的运动都是不适合的，如果为了长高而选择一项自己极其反感的运动，则完全没必要。毕竟运动类型那么多，总能找到一项自己既喜欢，又能促进长高的运动。

• 饮食

进入青春期，意味着我们的身体进入高速发育阶段。其间我们的新陈代谢非常旺盛，因此身体需要更多营养，尤其对于钙的需求很高，可以尝试每天喝3杯脱脂奶或者低脂奶。如果你不喜欢牛奶的味道，或者乳糖不耐受，可以试试酸奶。

除了补充钙之外，还要注意平时饮食的营养均衡。

营养均衡不是说可以大吃特吃，因为身体过胖也会影响身高。

营养均衡是说我们不仅要保证优质蛋白质摄入，还要均衡地搭配海产品、蔬菜以及新鲜的水果。

如果身体过胖，则可以尝试健康饮食加运动的方式减肥，切记不要通过过度节食的方式来减肥，这是会影响长高的。

• 睡眠

睡眠质量高才能促进长高。

因为，在我们睡觉的时候，生长激素会分泌得十分旺盛，而生长激素则会影响骨与软骨生长以及体内蛋白质的合成等。所以千万不要熬夜学习、打游戏，要给自己留出充足的睡眠时间。

青少年比较适合的睡眠时间是每天8～10小时。当然，睡的时间太长也不好，一般情况下，每天的睡眠时间不要超过11小时。

男生的问题

我可以吃网上卖的增高药吗?

千万不要乱吃增高药，尤其是你现在还处于发育阶段，搞不好会弄巧成拙。很多增高药只是补充维生素的营养品，服用过量了，反而会导致骨骺线提前闭合，生长期缩短，影响身高。另外，如果觉得自己的身高明显异常，可以去医院咨询医生，了解问题所在，再对症下药。

痘痘“大作战”

风风

行行！你怎么用牙膏洗脸呀？

行行

我听同学说用牙膏洗脸可以去角质，消灭痘痘呢。

冬冬

如果用牙膏就能祛痘，那为什么还要研发那么多祛痘的药物呢？牙膏不仅无法祛痘，反而会刺激皮肤，让人更加容易长痘痘呢！

行行

原来如此！我平时不用护肤品，应该不会因此堵塞皮肤毛孔吧？不是说多运动可以排毒吗？我这么爱运动，为什么也长痘痘呢？

冬冬

哈哈，长不长痘痘和排毒没关系。如果你运动完不洗澡，连背上都会长痘痘呢。再说不涂护肤品也可能造成皮肤过度缺水、出油，因而长痘痘呢。

行行

啊？那我该怎么办呢？

冬冬

当然是认真听“冬冬小课堂”为你讲解啦。

青春痘不青春

青春痘，也叫痘痘或者痤疮，因为常常在青春期时出现而得名，那又为什么说“青春痘不青春”呢？

因为一部分人在青春期过后依然会有青春痘的困扰，甚至有的人到了50岁之后，还会有青春痘的问题。

如果你的青春痘比较严重，一定要去看皮肤科医生，不要真相信“过段时间自然就不长了”。从本质上来说，长痘痘是一种皮肤病，有病就要看医生。当然，如果只有一两颗青春痘，不看医生不吃药也能自我修复。如果长了很多青春痘，放任不管，就容易越拖越严重，还可能会出现色沉痘印、痘坑疤痕、毛孔粗大的问题。

• 长了痘痘该怎么办

假如只是长了一两颗，我们就不必为它花太多心思。如果实在觉得不顺眼，那就在洗脸后，涂上保湿护肤品就可以了。记住，千万别用不干净的手去抠它。

假如长了很多痘痘，炎症特别严重，或者已经出现大量的囊肿结节、丘疹脓包，那就一定要去看皮肤科医生。

有很多人会抱怨，买了各种祛痘护肤品，收效甚微。确实如此，千万不要抱着涂一次药就好的心态，毕竟痘痘的形成因素非常多，需要配合医嘱，才能慢慢地战胜痘痘。

另外，痘痘治好后不代表将来就不再出现了。所以不必为痘痘的复发而着急上火，再出现再解决就行了。

• 危险的“三角区”

大家都有过挤痘痘的经历，虽说不让挤，但总是忍不住。挤了之后痘痘似乎真消失了，下次我们就会更肆无忌惮地挤。

但是，我们的脸上有一个危险的“三角区”，这个“三角区”就是以鼻根部为顶点、法令纹为边、上唇为底边的三角形区域。因为这个区域血管比较多，在挤痘痘的时候，很容易导致细菌逆行扩散到周围血管，甚至是脑血管。

如果脸上的痘痘比较多，可以去正规的医院进行处理，千万不要用未消毒的器械或手在未消毒的皮肤部位清理痘痘。

• 痘痘肌的护肤常识

1.过多清洁反而会使痘痘的情况变得严重

每天洗脸2～3次就够了，不需要选择带磨砂颗粒的洗面奶，如果痘痘的情况比较严重，应该选择温和的清洁产品。

2.精简护肤

在长痘痘期间，既不要涂过多的护肤品，也不要涂有太多功效的护肤品。护肤品最好在皮肤状况健康、稳定时使用。

3.防晒不一定非要涂防晒霜

对于男生来说，防晒意识也是要有的。这不只是晒黑的问题，也关乎健康，因为紫外线会导致皮肤出现炎症、加快衰老。

不过，在痘痘比较严重期间，涂过多的防晒霜也可能导致痘痘的情况变得更严重。在此期间，出门时尽量选择打伞、戴遮阳帽、戴墨镜、穿防晒衣等防晒手段。如果痘痘不严重的话，可以选择清透的防晒霜。

男生的问题

背上长痘痘怎么办?

背上也会长痘痘的。如果背上长痘痘，就更要注意个人卫生了，床单、枕巾之类的床上用品最好每周都换。此外每天要洗澡，换内衣。如果没有缓解就要去看医生，根据医嘱用药。要记住，平时少喝奶茶，多喝白开水。糖吃多了，不仅会长胖，还会影响身高，对皮肤也不好。

胡子会“拔毛助长”吗

行行：哥，你开始长胡子了呀！

风风：只是稀稀疏疏地长了几根，唉，我……觉得挺丑的。

行行：那你可以用小镊子拔了呀。我听说刮胡子会越刮越多，连根拔起的话，应该就会不长了。

冬冬：行行，你可不要坑你哥呀，拔胡子很容易导致毛囊感染，甚至引起蜂窝组织炎呢。

行行：啊？不能刮，也不能拔，难道就只能留着吗？我将来可不想留胡子呢。

冬冬：不用担心，今天的“冬冬小课堂”就来聊聊让人喜忧参半的胡子吧。

男生在进入青春期后，会因为睾丸的雄性激素分泌，逐渐在脸颊、唇部、下巴等部位长出胡子。这些毛发通常比四肢上的毛发要长、要粗。

一开始，它们往往会长得稀稀拉拉的，慢慢地就会浓密起来。所以说，不是因为刮胡子的行为导致胡子越来越多，而是因为我们逐渐性成熟，胡子才越来越多。

新手刮胡子

如果胡子慢慢地长出来了，我们就需要学会刮胡子了。

刚开始刮胡子时最好选择电动剃须刀，相对于手动剃须刀来说，这会比较安全，也更快速、便捷。

千万不要觉得只有一两根胡须就用电动剃须刀是“杀鸡焉用牛刀”。

电动剃须刀的使用小贴士

电动剃须刀可以在洗脸前直接干剃，这样可以节约时间。

另外，无论是电动剃须刀还是手动剃须刀，都需要注意以下几点。

- 剃须刀要自己用自己的，不要借给他人使用，也不要使用他人的。通过血液传播的疾病有很多，而剃须刀有划破皮肤的风险。

- 刮过胡子后要把脸洗干净，再涂上润肤乳，这样可以缓解刮过胡子后的不适感。

男生的问题

熬夜会让胡子长得更快吗？

有的大人发现，只要一熬夜工作，胡子就会长得特别快。

这可能并不是错觉，人的确可能会因为熬夜而使得雄性激素分泌加快，造成胡须快速生长。其实，熬夜不仅会使胡子长得快，还容易导致脱发呢。

腋下有了怪味道

风风

行行，前几天冬冬不是才和我们讲过不要拔胡子吗，你怎么又开始拔腋毛了？

行行

前几天我们班上有个男生因为有狐臭，被大家笑话了。我发现，我一出汗腋下就臭臭的，这会不会也是有狐臭了啊？

风风

先不说臭不臭的，如果拔胡子会导致毛囊感染，那么拔腋毛会不会也导致毛囊感染呢？

行行

也……会？

冬冬

没错，就是会呀！拔腋毛不仅不能预防狐臭，而且可能会引发狐臭呢。

行行

拔了腋毛之后，不是应该会减少出汗吗？汗出得少了，腋下不就不臭了吗？为什么反而会引发狐臭呢？

冬冬

这个嘛，我们要先明白腋毛的作用和产生狐臭的原因。

• 腋毛有用吗

进入青春期后，因为雄性激素分泌的原因，我们会开始长腋毛。腋毛不仅是我们性成熟的一种表现，而且为保护我们的皮肤做着不懈的努力。

当手臂运动的时候，腋窝处就会产生摩擦。如果没有腋毛缓解摩擦力，腋窝处娇嫩的皮肤就容易受伤。正是因为这里的皮肤很娇嫩，剃腋毛、拔腋毛很容易发生炎症。

很多人认为，在拔掉或者刮掉腋毛后会减少流汗和出现异味。其实这个观点是不对的。无论是刮腋毛还是拔腋毛，都不会阻止汗液的产生，反而有可能会引起汗腺变异，让本来没有味道的腋窝变“臭”了。所以，尽量不要去刮腋毛。

当然，如果腋毛过于浓密，真的给你带来了烦恼，尤其是医生也建议你刮掉腋毛的话，你可以自己刮去腋毛。记得要在涂过肥皂泡沫后用专用剃刀动作轻柔地刮。

如果出现刺痛感，腋下皮肤变红，就千万不要再刮了，尽快让家人带你去皮肤科看一下。另外，不要随便使用脱毛膏，因为很难保证里面的成分会不会对皮肤产生影响。

作为男生，我们千万不要嘲笑女生的腋毛，要尊重女生的稳私。她们的毛发由她们做主，有没有腋毛都不影响女生的美。

为什么我的腋下有味道

腋下有味道不一定就是狐臭。如果只是有一点点异味，洗澡后就没有了，那就有可能只是腋下出汗后，因为没有及时擦掉而产生的汗臭味。平时只要注意清洁，出汗后及时清洗、保持干爽就可以了。

如果勤洗澡，也注意保持了腋部干爽，但汗臭味仍然非常浓郁，周围人也感觉到比较刺鼻，那么就有可能是狐臭了。一般情况下，狐臭在青春期前就会表现出来，到了青春期会加重。

如果是轻度狐臭，做好清洁就行；如果是比较严重的狐臭，则要去咨询医生，寻求解决方案。

如何改善狐臭的症状

虽然说狐臭并不是什么大问题，但还是会给我们带来不少苦恼。这里提供一些减轻狐臭症状的方法。

1.穿透气性好的衣物

不要因为狐臭就试图用衣物把自己包裹得密不透风，这样反而会让味道更重。

2.及时擦拭

可以带一包纸巾或者有杀菌清洁效果的湿纸巾，在课间去卫生间时或者运动结束后，在私密场所进行擦拭。要选择没有味道的纸巾或湿纸巾，不然香味和腋下的汗臭味道混合后会更加难闻。

3.勤洗澡，勤换衣

尽量每天都洗澡，特别是运动后一定要洗澡。如果做不到每天洗澡，至少每天用肥皂或者沐浴露清洁腋下。别忘了在清洗完之后换上干爽、洁净的衣物。

4.这些食物要少吃

要少吃大蒜、咖喱、油炸食物、甜品等，也不要吃太多的红肉，比如猪肉、羊肉、牛肉，尤其是不要吃太多肥肉和腌制过的肉。

男生的问题

腋下狐臭可以喷香水吗？

千万不要！那样的话，不仅味道会更奇怪，而且还会刺激腋下的皮肤。

男孩一定要懂的性知识

行行：我同桌跟我说，他早上起来的时候发现床单上湿了一大片……

风风：呃……这个是他晚上遗精了。

行行：这是生病了吗？

冬冬：不是生病，这是男孩进入青春期后的一种正常现象。风风应该经历过了。

风风：嗯。不过第一次出现时，我确实很紧张。

冬冬：这个嘛，我们进入“冬冬小课堂”来详细地讲讲吧！

阴茎的秘密

很多男生会对自己的阴茎过于苛刻，总是希望它至少18厘米长。

中国男性阴茎勃起后的平均尺寸为10.89厘米。其实，哪怕比这个长度再短些，也不要紧。

千万不要一味地追求大，并因此相信一些小广告去不正规的医院盲目接受治疗。如果你真的觉得自己的阴茎长度有必要去咨询医生，那可以告诉一个你信任的家人，让他陪你去三甲医院的男性生殖科咨询。

另外，也不要过于纠结它的形状，无论是直的还是弯的，都不影响健康。

其实，我们真正需要操心的是“包茎”。

包茎就是指包皮紧箍在阴茎头部，外口过小，不能向上外翻。

男生在进入青春期后，其包皮会随着阴茎的成长向后缩，直至阴茎头露出。不过，即便青春期结束，仍然有30%的男性的包皮包裹着阴茎头。

如果是包茎，无法露出尿道口或阴茎头，那就需要去医院咨询医生了。

如果是包皮较长，虽然能露出龟头，可以上翻，但包皮口很小，遮盖了尿道外口，要注意个人卫生，不要让包皮下藏污纳垢。洗澡时可以用温和的肥皂或者沐浴露进行清洗。

当然，如果包皮过长，私密部位经常出现炎症，那就需要赶紧就医。

另外，即便没有包皮过长的问题，也要保持阴茎部位的卫生，不然容易引起生殖器官疾病。

• 遗精、晨勃是正常现象

进入青春期后，随着生殖器官的发育，男生会出现晨勃和遗精的现象。

晨勃是指在早晨4～7点，阴茎会在无意识的情况下勃起。

遗精是一种以睡眠中发生精液外泄为特征的现象。

或许有人会告诉你，遗精或者梦遗是一种疾病，对身体是有害的。青壮年男性偶尔发生遗精是一种正常的生理现象，除非是因为身体疾病产生的病理性遗精。

进入青春期的男孩子，遗精也是性成熟的一种表现，不必为此不好意思。

所以，如果你开始有遗精现象了，千万不要害怕或者自责，坦然去面对本应有的身体变化吧！

• 出于好奇心的性体验是危险的

性作为人类的一种原始需求，不仅是因为人类需要繁衍后代，而且是人类作为高等动物对于爱、与他人深入接触、与他人建立关系、自我身体接纳、自我身份认同、自我唯一性的需求。

一个人在迷失自我，或者关系出现问题的时候，仅仅寄希望于性来把握爱与被爱、与他人建立关系，则如同饮鸩止渴。培养良好的社交能力，多方面地创造自我价值，才能更理智地恋爱与生活。

进入青春期的男孩，身体和心理在逐渐成熟，开始向往与异性交往，会对性行为产生好奇。但一定要注意，出于好奇心的性体验是危险的。

• 男孩也需要了解的避孕知识

不要说还没有成年为什么要知道这个，这就像我们没有到高考但需要提前储备知识一样。

避免受孕，就是要阻止卵子和精子的结合。

1.错误方式

排卵日避孕法：有些杂志声称，通过推算排卵日可以避孕。这是错误的避孕方式，即便在非排卵日发生性关系，也是有可能怀孕的。

体外射精法：不是射精的那一刻才会有精子进入女性的身体，在性行为中，精子会和前列腺液一起渗出，偷偷地溜进去，所以依然可能会导致怀孕。

2.正确方式

避孕套：使用避孕套是最常见的一种避孕方式，使用方法比较方便，没有副作用，还有预防性病的作用，避孕率在85%~98%。不过，使用前要检查包装有没有破损，不要被利物划破；使用时要排空避孕套前端那个小小的储精囊中的空气，避免使用时破裂。

长期短效避孕药：这是女性服用的避孕药，长期短效避孕药的避孕率是99%。需要在性行为之前，起码连续服用7天。尽量按照说明按时服用。

• 什么样的情况下会感染性病

常见的性病包括尖锐湿疣、生殖器疱疹、梅毒、淋病、软下疳、艾滋病、疥疮、阴虱寄生等。这些性病轻则让人痛苦难忍，重则威胁生命。高风险的性行为很容易传播疾病。

高风险性行为

1.不使用避孕套；

2.在使用避孕套的过程中有脱摘行为；

3.在射精前才佩戴避孕套；

4.频繁更换性伴侣；

5.与陌生人发生性关系。

避孕套虽然有预防怀孕和性病的作用，但目前还没有任何一种方法完全避免怀孕和性病。并且，避孕套只能包裹阴茎，如果像尖锐湿疣、淋病、阴虱之类就较难预防。

性病的传播途径也不是只有性行为。有些性病如艾滋病、梅毒、淋病可能通过血液传播，例如输血、针灸出血后未把针消毒干净、公用刮毛刀等。有些性病如梅毒、艾滋病，可能通过母婴传播。有些性病如阴虱、疥疮、淋病，可能通过共用浴巾、衣物等传染。如果出去旅游，记得带上自己的毛巾和洗漱用品，贴身衣物和泳衣都不要外借。

自慰是不健康的行为吗

有一种观点认为自慰会影响身体健康，而现在医学界与性学界普遍认为自慰并不会影响身体健康。

如果你有自慰的行为，也没必要把自慰当作羞耻或者不健康的行为，因为这样会让内心产生压力和痛苦，反而更容易产生心理问题。

但过度自慰（在很难感受到愉悦的情况下依然无法停止自慰）则可能是心理问题所致，比如，在生活中遇到许多焦虑的事情，成绩无法带来成就感，获得愉悦感的方式单一，社交活动缺失等，导致只能把关注点放在自慰上。这种情况是需要心理咨询干预的。

隐私部位的“不特别”与“特别”

性器官的“不特别”之处在于，无论是女性的阴道、阴唇、阴蒂，抑或是男性的睾丸、阴茎，这些都是人们身体器官的一部分，和其他器官没有差别。我们在面对自己的器官时要一视同仁，要认真地了解它们、保护它们。

“特别”之处在于，这些部位既然被称为私密部位，意味着我们既不能让别人在未经允许的情况下触碰，也不能在别人不愿意看的情况下暴露自己的这些部位。尊重现有社会规范下他人的感受。

千万不要觉得性骚扰或者性侵犯是女生才会遇到的危险，男生也可能会碰到。

很多男生觉得遇上这种情况难以启齿，也不敢告诉家人，从而导致生理和心理问题。所以，如果他人（无论是同性还是异性）的触摸、拥抱、亲吻让我们感到不舒适，尤其是触摸了隐私部位，我们要懂得拒绝，并告知父母或者警察。哪怕是亲属（父母也一样）这么做也不行。如果他们是带有色情意味的触摸，或者说一些性挑逗的话，那是不可以的。

如果成年人对你说一些露骨的话，引导你看色情影片或者想和你发生性关系，这样的成年人很可能是恋童癖。如果你遇到这种人，一定要及时告诉父母或者警察。

要明白这不是你的错，你不必感到羞耻。对方作为一个成年人，应该有自我约束的能力。无论你同意或不同意，他都不该和未成年人发生性关系，可他利用年长的优势操纵你的情感，让你觉得自己是喜欢他的、需要他的、默许他的或者是恐惧他的，这就是他的问题。应该受到指责和法律制裁的是他，而不是你。

另外，大多数情况下，男孩会比女孩更有体力上的优势，但我们绝对不能利用这种优势强迫女孩去做她们不愿意做的事情。

我们要懂得尊重女生的意愿，不要侵犯他人的身体权利。这不仅是违法的，也是极不“男人”的行为。真正强大的男人是懂得利用优势去帮助他人、保护他人的，而不是去欺负他人。

CHAPTER 2

青春期为什么有那么多困惑

“我是谁”

风风：行行，我听我妈说你最近一直试图把自己变得近视？

行行：这都被姑姑发现了，她真适合去当侦探呢。

风风：我说你最近怎么喜欢近距离看电视呢。你为什么想变得近视？

行行：班里有很多同学都戴眼镜了，我觉得看起来很有学问的样子，所以也想戴眼镜。

冬冬：你喜欢戴眼镜？噢，你是希望自己也能在同学中显得很特别、知识渊博，对吗？

行行：以前我从来没想过这个问题，可现在总是会想，我该变成什么样子才会在学校里更受欢迎呢？

风风：这很正常啊。我有时也会模仿那些受欢迎的男生呢。

行行

这样做真的好吗？我感觉挺难为情的……

冬冬

大部分人都有这样的想法。一方面，我们渴望得到别人没有的东西；另一方面，每个少年都会像哲学家一样去思考“我是谁”的问题。当我们不确定自己到底应该成为什么样的人，那就难免会去模仿一些我们认为很受欢迎的人的言行和穿着。

行行

别人拥有的东西，而我们没有，该努力去追求吗？

冬冬

首先，要看自己是不是真的需要，是自己真的喜欢，还是只为了拥有。其次，即便我们很喜欢一样东西，但如果要付出很大代价，那也要仔细想想是不是值得。

行行

我明白了。那怎么找到“我是谁”的答案呢？我感觉了解自己比了解别人更难呢。

冬冬

那我们今天就来讨论一下“我是谁？”的问题吧！

别急，多去感受吧

当开始探索“我是谁”这个问题时，我们或许会急着抛弃过去，不想再被当作小孩看待。

别人问我们喜欢听什么歌，我们也许不会给出真实答案，而是给出一个我们认为能显示个人品位的答案。其实不光我们喜欢这样，很多大人也在假装喜欢看一些他们根本不喜欢的电影和书籍。

如果一直这样，就很难让别人真正了解自己，自己也很难真正快乐起来。因此，我们不必因为他人的评价而改变自己的喜好。

此外，喜欢什么事物，也不必故步自封。比如，你喜欢说唱音乐的同时，也可以尝试了解其他音乐形式。在这个过程中，不要急着下结论，而要多去感受。

随着时间的推移，我们的喜好或许会改变，但如果很多事物从没接触过，就很难知道自己是否喜欢。如果我们没有学习过绘画，就很难说自己喜不喜欢绘画；如果我们从来没有学过下围棋，就很难说自己喜不喜欢下围棋。

人的生命是有限的，穷其一生，我们或许无法把世间各种趣事都感受一遍。那么，我们可以选择自己感兴趣的去体验。这种体验不是一般地了解，而是真正地投入时间与精力去了解，并且在最初的兴奋感过后，依然愿意更深入地了解。

不过，你也可能还没有任何兴趣爱好，这不要紧，你可以先从自己知道的一些兴趣爱好入手，不用逼着自己马上喜欢，也不用急着去得到他人的赞扬，只是单纯地去体验和学习就好了。至于将来它们能否成为自己喜欢的事情，能否给自己带来快乐，那就顺其自然吧！

与成人世界接轨

进入青春期，就是成人世界的“预备役”了。

我们在思考自己想做一个什么样的人的时候，也需要和成人世界接轨。

想做一个什么样的人？有的人认为做“大哥大”挺酷的，但是进入成人世界后，这种“社会人”未必就是受人欢迎的人，因为成人世界更多的是认可学识与能力。

所以，我们在探讨“我是谁”这个问题的时候，尽量给自己制定一个可持续发展的目标，这样可以拥有更长久的成就感。

此外，我们也可以给自己的兴趣爱好进行升级，以便更好地与成人世界接轨。

比如，你喜欢看悬疑电影，可以尝试着去写一些悬疑类的小故事，说不定将来可以成为悬疑小说家。

再比如：

喜欢汽车模型，则可以储备与汽车相关的机械知识，升级为汽车设计师；

喜欢洋娃娃，则可以尝试着给洋娃娃做衣服，升级为服装设计师；

喜欢网络游戏，则可以学习开发网络游戏，升级为游戏设计师；

喜欢和他人辩论，则可以学习法律知识，升级为律师；

喜欢小动物，则可以学习宠物医疗知识，升级为宠物医生。

这种升级不仅可以很好地将我们的兴趣爱好与未来职业融合，而且从小为自己的梦想蓄力赋能，更有利于实现梦想。要知道，做自己喜欢的工作，是一件非常幸福的事情。

发挥你的想象力，给自己的兴趣爱好做一下升级吧！

• 外在与内在

希望自己引人关注而注重外在形象原本没有什么错，但只关注外在形式就真的能让自己与众不同了吗？这显然是不可能的。

让我们变得与众不同的不是外在形象，而是内在灵魂。

凡·高之所以是凡·高，不是因为他与世界的格格不入，也不是因为他的不修边幅，而是他的艺术造诣。

福尔摩斯之所以是福尔摩斯，不是因为他穿风衣、叼烟斗，而是他的破案能力。

外在的东西固然容易模仿，但我们的思想真的独立了吗？或许并没有。

我们可以通过修饰外在形象来表达自己的审美与个性，但如果把它作为重点来关注，我们会更容易迷失自己。

真正区别于他人的重点是内在美。

内在美是什么？是一个人的思想、品德、情操、性格等内在素质的具体体现。

想要寻找“我是谁”的答案，就要从内在中寻找。不过，即便现在找不到答案也不要紧，人本身就是在寻找自己的过程中不断成长的。未来的你，一定比现在的你更好。

男生的问题

如果没有成为完美的自己，怎么办？

不完美不代表失败，做人做事，我们只需要尽力，而无须完美。再说，无论完美不完美，完善自己的过程本身就很有趣。

未来开幕式

行行

哥，我新写的那篇侦探小说你看了吗？

风风

当然看了！简直太好看了，逻辑严谨，充满悬念。

冬冬

行行将来一定可以成为侦探小说家！

风风

一定可以的！我挺羡慕行行的，他有自己热爱的事情，而我一直很迷茫，不知道自己将来要做什么。

行行

哥，你既聪明又认真，无论做什么都能很优秀。

风风

我总是在想，自己有没有什么特别痴迷的事情，就像你喜欢写侦探小说一样。冬冬，你说我该怎么办呢？

冬冬

看来每个人对未来的感受是不一样的。那今天就来聊聊我们的未来吧！

• 未来可期

对美好未来的想象是一种推动力，不仅会让自己的生活充满快乐，而且会让整个社会变得越来越好。

假如我们的祖先满足于现状，对当下生活得过且过，那人类永远走不出森林，永远无法直立行走。假如不是对于日行千里的渴望，我们又怎么能发明火车、飞机和轮船呢？

我们对未来的想象，引导着我们做出不同的选择。

比如，你想成为作家，那么在你读大学的时候或许会选择相关专业、参加文学社、尝试着写小说，实际上就是在为自己的梦想不断添砖加瓦。

或许一两个选择并不会影响你未来的生活，但慢慢地积累，量变终会引起质变。

可是，我们有时候的确会对未来很迷茫，对自己未来想要做的事情和从事的职业没有明确的想法，那么我们可以先储备能量。

很多时候，我们也不一定在当下就非要找到自己最喜欢的事情，可以先从自己的兴趣爱好或者擅长的事情入手。这样做，不仅可以帮我们将兴趣爱好变成专业，而且可以帮我们把自己真正热爱的事情做得更好。

比如，你爱好绘画，但并不想当画家。不过，将来有一天，如果你想成为一名室内设计师，那么此前在学习绘画时掌握的构图能力与色彩搭配能力就能让你的设计师梦想更容易实现！

不空谈的未来

很多大人喜欢感慨，梦想总是会破碎的。事实上，事情并没有那么悲观。他们的梦想易碎是因为他们从来没有为梦想做过什么。

比如，那个想当画家的人，或许缺乏长时间的绘画训练；那个想要事业有成的人，或许大部分时间都在打游戏；那个想减肥的人，或许最大的运动就是在床上刷短视频的时候翻了个身。

梦想“碎片化”的步骤

如果希望实现梦想，不妨尝试先把自己的梦想“碎片化”。

第一步： 准备一个小本子，在第一页写下自己的梦想。比如，成为一名画家。

第二步： 写下一年内，自己准备为实现画家这个梦想做出的努力。例如，画60幅画，阅读12本艺术鉴赏类书籍。

第三步： 写下一个月内，自己准备为实现画家这个梦想做出的努力。例如，画5幅画，阅读1本艺术鉴赏类书籍。

第四步：将这些安排做出一个30天计划，比如，某个月的第一天到第五天，完成一幅画作，读完50页书。

第五步：每个月进行一次回顾，看看自己的完成进度。如果完成进度特别慢，那就要分析一下原因，是任务安排得太满，还是自己拖沓了？最后根据自己的实际情况做一些调整。

如果完成进度不错，可以给自己一些小小的奖励，比如，一块好吃的甜点。

也许你不仅想成为画家，还想成为物理学家、舞蹈家、拳击运动员，那也没问题，多准备几个本子就可以了，把这些梦想都规划进去吧！

不过要注意的是，千万不要把计划安排得太满，如果影响当下的学业，则会得不偿失。你可以尝试列出优先选项，在你的精力范围内，慢慢去掌握技能吧。

• 未来在自己的手中

人在困惑的时候，常常会觉得前途渺茫，会去问别人自己的未来会怎样等问题。但我们要明白，关于未来会怎样这件事，真正能给出答案的只有自己，因为只有自己才是那个起关键作用的人物。

当然，在实现梦想的路上，我们不必排斥他人的帮助，但要分得清什么是帮助，什么是依赖。

千万不要成为那种把自己的不如意怪在他人头上的人，不要整天抱怨家人、朋友没有帮到自己。

• 生活不是考试

考试总会出成绩，而生活没有成绩单。我们无法用某一时段、某一次的成败来判断我们的未来是怎样的。

因为哪怕失败了，只要挺住，别认输、别倒下，生活总是会有转机的。

生活是一场耐力战，或许不是每一次为梦想做出的努力都能得到百分之百的回报，但如果什么都不做，梦想就不可能实现。反之，如果你努力了，那就会为你的未来增加无限机会。

• 不强求结局

很多人面对不可预知的未来时总会说：顺其自然吧！什么是顺其自然呢？它不是两手一摊的不作为，而是不强求结果的态度。

或许你会疑惑，既然努力了，怎么能顺其自然，不求结果呢？好像没分出个胜负或者没有获得想要的结果就什么都没得到。

其实，只要在追逐梦想的过程中努力了，你就已经得到了很多东西。就像你想成为一名歌手，为了参加某场音乐比赛，每天凌晨5点起来练声，每天练琴，即便最后没有得到名次，但这次比赛依然为你带来很多。比如，每天的练习帮你提升了音乐能力；比赛丰富了你的舞台经验，让你认识了很多喜欢音乐的朋友，等等，这些不会因为你没有得到名次就消失了。

这些在努力的过程中得到的东西，才是最宝贵的。

行行

哥哥，你根本不用着急，你各方面的能力都非常棒。所以未来无论有什么梦想，都已经有了坚实基础！

风风

你夸得我都不好意思了。其实在人际交往方面我比你差多了，以后我要多向你学习，万一我以后想成为外交家呢？

冬冬

风风确实很棒！我们对于未来的想象，也不要仅限于“成为什么样的人”，还有我们想要过的生活。同时我们也可以去思考一下，自己未来想要的生活是什么样的，怎样才能够实现。

行行

那我去把怎么实现我的侦探小说家的梦想“碎片化”一下吧！我的未来不是梦……

用梦想板激励自己

尝试做一块梦想板，挂在自己房间的显眼处，每天都能看见。让自己的梦想更清晰、更形象化，这样会有助于梦想的实现。

梦想板的制作方式如下：

准备一块纸板或者一块软木板，如果都没有，白纸也可以。

将自己想要实现的梦想布置在梦想板上。例如，贴上你未来想考的那所大学的照片、贴上未来你想去旅行的地方的图片、写上未来你想要拥有的技能和你想从事的职业……

我可以独立啦

行行：哥，你向往大学生活吗？

风风：当然了，只要一想到上大学后就可以有很多时间去做自己喜欢的事情，参与很多有趣的校园活动，就觉得心痒痒。你呢？

行行：我也很向往。但是，只要一想到自己将要离开家，开始独立生活，就又有点儿忐忑不安。

风风：原来你这么大胆的人也会有这种感觉。

行行：不过，我转念一想，反正那时候都成年了，还能照顾不了自己吗？

冬冬：其实能不能独立地生活和年龄没有关系，有些人没有办法照顾好自己，主要是他们缺乏独立生活的能力。

风风

我明白了。很多年轻人都反感父母把自己当成小孩子，怪父母有控制欲，但实际上这些年轻人自身从心理层面来说就是“小孩子”，根本没有实现生活上的独立。

冬冬

对的！

行行

那如何培养独立生活能力呢？

冬冬

这个问题嘛，“冬冬小课堂”欢迎你们的到来。

我们现在所有的努力都是在为未来的独立做准备。无论是从书本中学习知识，还是从生活中学习种种技能，都是在训练我们的独立生活能力。

我们需要从心理上和能力上做好准备，然后开启独立生活之旅。

• 心理上做好准备

独立虽然可以给我们带来自由，但也意味着我们需要开始为自己的选择承担责任。

我们在刚开始独立生活的时候，总会遇上一些无法处理好的事情。如果遇上比较麻烦的事情，在衡量过后发现自己的确处理不了，不妨向家人求助。

独立并不代表不需要他人的帮助，即便以后成为成年人，在面对棘手的事情时，我们也是可以寻求他人帮助的。

当然，无论是朋友的帮助还是家人的帮助，我们都不能视为理所当然。当别人愿意牺牲自己的时间、精力和金钱来帮助我们的时候，我们要懂得感激。

另外，无论是现在还是成年之后，我们都不能强求所有人理解和支持我们的想法，也不必说服别人理解我们的想法。如果一直想要所有人都理解、支持我们的想法，不仅自己痛苦，也会给别人带来痛苦，因为别人会觉得“为什么非要让我接受你的想法”。

当和家人的想法不太一致时，先不用去争论，可以听听他们的考虑，有没有你没想到的，或者有没有你目前无法承担的风险。他们的生活经验或许能帮你避免一些不必要的伤害。

经过多次讨论后，如果你跟家人的意见仍然不一致，但你已经明确知道这件事的后果，并且在你可承受范围之内，那么只需要通过自己的努力，让家人看到你对这一切已经做好准备就可以了。

• 能力上做好准备

想要独立是非常好的一件事情，因为人只有独立，才能融入社会；如果始终不能独立，所有的理想都会变成空谈。

别把独立当成空洞的口号，一个人如果只有独立的想法而没有行动，那是无法实现真正独立的，你需要一点一滴地积攒独立的能力。当然，能力上的独立也不能一蹴而就。

在锻炼独立能力的时候，你也可以同时向父母展示你的进步，这样他们就能对你独立这件事多一些信任。

我们可以从一些小事做起，一点一点地来取得家长的信任。

比如，不需要监督就能主动完成作业；能够将自己的屋子整理得井井有条；能够主动帮助家人承担一些家务；能够掌握一些有利于未来发展的技能；能够有规划地安排零花钱；在遇到挫折的时候可以重整旗鼓；能够在家人难过的时候去关心他们；等等。

随着年龄的增长，如果家人不断看到你展现出来的独立能力，他们就会越来越信任你，也会越来越放心地让你独当一面，做出自己的选择。

• 生存必备小技能

下面列出的30个独立生活技能，可以测试一下自己掌握了多少个。

1.会做家常菜；

2.去菜市场独自买菜；

3.会骑自行车；

4.小伤口的简单包扎；

5.会洗衣服、刷鞋子；

6.会叠放、整理衣物；

7.会规划房间物品的摆放；

8.会打扫房间；

9.能够较好地处理自己和他人的矛盾；

10.能够较好地进行团队合作，参加一些团体类运动项目；

11.能够合理地安排自己的零花钱；

12.能够根据自己对投资的梦想进行储蓄；

13.知道感冒、拉肚子应该服用的药物；

14.能够为自己安排营养均衡的饮食；

15.学会开车；

16.学会换汽车轮胎等一些小技能；

17.学会更换水龙头、灯泡、淋浴喷头等常用家庭物件；

18.会整理行李箱；

19.会购买火车票、长途汽车票、飞机票；

20.能够合理地安排行程，如在哪里住宿，如何更换交通工具等；

21.能够自主安排自己的学习、工作和娱乐时间；

22.会更换床上用品；

23.知道自己的血型；

24.能够有计划地去超市购买生活用品；

25.掌握电脑软件的下载方法；

26.懂得如何在网上找到可以协助你解决生活问题

的方法；

27.知道如何制作一份简历；

28.知道如何在网上投递简历；

29.利用寒暑假找一个短期工作，增加社会阅历与工作经历。

30.如果有养宠物的打算，能够评估自己是否有承担其费用的能力以及可以对它一生负责的意识。

男生的问题

真正的男子汉气质应该是什么样的呢？

每个人对男子气概的定义不同，我眼中的“男子气概”，就是正直，真诚，保护弱小，威武不能屈、贫贱不能移，能对自己的行为负责。

有些人眼中的男子气概是一种不合理的期望，他们期望自己能像武侠剧中的男主角那样战无不胜，能像偶像剧中的男主角那样帅气多金，能像古惑仔那样一呼百应。

这样不合理的要求对成年人来说都会造成心理压力，更不用说正在成长中的青春期男生了。这会让男生不由自主地去做他们其实并不喜欢的事情，并因自己无法变得足够强大而感到自卑。

还有就是千万别把暴脾气当成男子汉气质。遇到让自己怒不可遏的事情时，也要妥善管理情绪，要有意识地训练自己解决问题的能力，而不是一遇到问题就发脾气。

男子汉多愁善感不是错

行行

哥，我发现“没心没肺”这个词现在已经不适合我了。之前我从来没去揣测过朋友的心思，今天我约一个朋友打篮球，他没有来，我就开始乱想：“他是不是对我有意见？”“我之前是不是做了什么过分的事情？”“他是不是讨厌我了？”唉，我怎么变得这么敏感了？

风风

是呀，我也有这种感觉。小时候从来不在意别人怎么看待自己，但现在就会想很多，有的时候还经常想自己以后会怎么样。

冬冬

行行从没心没肺变得偶尔低落，风风从自信爆棚变得偶尔焦虑，这都是进入青春期后的正常现象。

行行

为什么？

冬冬

因为进入青春期后，我们不仅身体在逐渐成熟，心理也在逐渐成熟，开始思考人生、自我、未来、世界等，焦虑、迷茫等情绪也会随之产生。

风风

那我们会一直这样多愁善感下去吗？

冬冬

在刚刚进入青春期的时候，我们突然开始思考关于自己、关于人生中的重大问题，这么多需要花时间思考的难题集合在一起，带来的情绪肯定是非常强烈的。但随着成长的脚步，我们一点点找到自我价值，对世界有了更多了解，更懂得如何跟他人相处，这些强烈的情绪就会逐渐回归平和。

行行

那就会完全没有这些情绪了吗？

冬冬

情绪是不会完全消失的。人生中总会遇到新的问题，需要我们不断地解决问题。生活中也会发生很多让人或高兴，或难过，或焦虑，或兴奋的事情，所以，怎么可能一直心如止水呢？不过随着年龄的增长，经验会逐渐丰富，很多问题解决起来驾轻就熟。在面对问题时，心态也会越来越轻松自如。

风风

是的，其实仔细想想，喜怒哀乐就像一年四季，少了哪个都没那么有趣了。

不要让他人定义你的心

“男孩子怎么可以哭？”“男孩子别那么婆婆妈妈的。”“别一副娘娘腔讲什么内心感受好吗？”……这些话会像枷锁一样困住我们的内心。

谁都希望自己能积极向上，但如果丝毫不愿意面对任何负面情绪，那么各种被隐藏起来的负面情绪就会慢慢地积累，让我们内心的负担越来越大，直到崩溃。

其实，无论是男生还是女生，无论是大人还是小孩，每个人都可以有悲伤、难过、忧虑、抑郁、焦虑等情绪产生。越早正视负面情绪，就能越早学会如何解决，从而避免这些情绪影响生活。

• 如何减少自己的忧虑

过于多愁善感，难免会影响到我们的生活，因此学会调节情绪是一件非常重要的事。

1.聚焦当下

我们需要练习把注意力聚焦于当下。

为什么要聚焦当下？因为焦虑是对未来的焦虑，抑郁是对过去的懊恼。如果能把注意力聚焦到当下，我们的情绪就可以得到缓解。

聚焦当下的方法

我们要养成客观描述一件事情的习惯。

例如，我看见一辆车是橄榄绿色的，看起来有九成新，司机是个漂亮小姐姐，她开得很慢……

又如，现在正在下小雨，周围的花草树木都被洗刷得更鲜艳了，泥土被打湿的味道很清新，摸着被雨水打湿的衣服，感觉有些凉凉的……

此外，平常还可以多去触摸一下身边的事物，认真体会触摸的感觉。

2.自我对话

自我对话通常是自动发生、很难被察觉到的。虽然你可能并没有意识到自己会与自己对话这件事情，但它依然会对你的心情产生一定影响。

例如，当我们约朋友出来玩，朋友却迟到了，有的人就会想："他根本不重视我，所以才会迟到！""我在这里被风吹雨淋，他却在那里磨磨蹭蹭，怎么一点儿都不考虑我的感受啊！""为什么他是这样的人，好不容易出来玩，他还迟到！"……

也有人会认为这是一个难得的独处机会。他会告诉自己：难得独处，我可要好好地享受一下，整理一下最近的思绪。然后他会在路边找一家奶茶店，点一杯奶茶愉快地等待。这个时候，他心里自然就不会难受。

虽然是同一件事情，有的人体会到愤怒、委屈、抱怨，有的人却体会到放松、自在、平静与对现状的接纳。

不是事件本身给我们带来痛苦、愤怒或者快乐、幸福等情绪，而是我们对事件的解读带给我们情绪。

如何解决消极的自我对话？

最有效的方法就是用积极的、自我支持性的陈述去反驳它。

解决消极的自我对话

每当你开始为一件事情展开悲观的想象与评价时，不妨问自己六句话：

- 这个是真的吗？
- 这个真的是真的吗？
- 有多少证据？（最好写下来。）
- 这件事情发生的概率有多大？
- 最坏的结果会是什么？就算最坏的结果发生了，那会有多糟？那时候你会怎么做？
- 你说的这句话有没有可能反向也是成立的？

消极的自我对话：比如，“我的成绩永远这么差，我的未来没有希望了。”

质疑：比如，“有什么证据可以证明我的成绩永远不会提升吗？我真的尝试了所有正确的方法吗？还有其他的可能性吗？未来是否幸福是由成绩决定的吗？”

反驳陈述：比如，“我并不会永远不幸福，对于成绩这件事也不是毫无希望，只是需要制订一个更好的计划，让自己拥有更多的能力，并努力坚持下去。”

拟定反驳陈述的注意事项

在拟定反驳陈述的时候，再注意以下四点：

1.使用上述六句话来反驳消极对话。根据回答建立起让自己信服的反驳陈述。

重点是你自己要相信这些积极的自我对话。

2.避免否定的表述方式。例如：

我不会交不到朋友的。（×）

我可以交到朋友的。（√）

3.尽量用现在时态。例如：

我之后会努力学习的。（×）

我正在努力提高成绩。（√）

4.任何时候都要用第一人称。例如：

成绩一定会提高的。（×）

我可以提高成绩的。（√）

• 专注于我们能改变的事情

人生中有很多事情是无法改变的，同样也有很多事情是可以改变的。比如，我们或许不能改变自己的身高，但我们能决定自己的身体是否健康；或许我们不能决定自己是否健康，但我们能决定自己是否灵敏；或许我们不能决定自己是否灵敏，但我们能决定自己是否认真……

我们总能找到自己可以改变、帮助自己更好地成长、生活更幸福的事情。我们应该为这些可以改变的事情而努力，而不要过多纠结那些无法改变或者暂时无法改变的事情。

理性与感性

理性用来描述一个人能够运用逻辑思维思考问题、分析问题和解决问题。

感性用来形容一个人情感丰富，能够很好地移情通感，对于有些问题跟着感觉走，而不是趋利避害。

无论男生还是女生，都是同时具备理性和感性的。这两者之间并不冲突，只不过有的时候更适合调动理性的一面，有的时候更适合调动感性的一面。

理性更注重逻辑，需要冷静（尽量不让情绪干扰我们的思考），那么需要逻辑与冷静的时刻就是我们需要理性的时刻。比如听课、讲课、看书、做研究、参加考试、写论文、辩论等时刻。

或许你会说，很多辩论选手情绪激昂，总是能够带动他人的情绪，怎么会说辩论需要冷静呢？

其实，冷静并不代表面无表情，冷静只是需要我们驾驭好情绪，不被情绪所影响。就像那些辩论选手，兴奋会让他们的大脑更活跃，不会被负面情绪所禁锢。所以他们既激昂，又十分冷静。

感性更注重对外界事物的感知与感受。想一想，什么样的事情需要我们把重点放在感知、感受上呢？

答案是：听音乐会、看画展、读小说、看电影、陪伴伤心的朋友、品尝美食、欣赏风景、和宠物玩耍、和亲人共度休闲时光……

这些事情让我们可以放松自己，沉浸在情绪里，或许情绪、直观感受还能给我们带来不经意间的感悟。

也许你会说，很多影评人、乐评人在分析作品时头头是道，十分理性。

其实，在欣赏作品时，尤其是我们第一次观赏的时候，确实需要感性一些，而这些评论人不一样，他们是用文章在分析、研究音乐、电影、绘画、建筑等作品，自然需要理性一些。

另外，无论是乐评人还是影评人，或是其他艺术评论人，如果不去感知、感受，一上来就想着怎么分析，是很容易一叶障目的。

男生的问题

男生爱向朋友倾诉是不是显得特别矫情？

男生把自己的烦恼告诉朋友并不是矫情，倾诉一下，再听听朋友的建议，可以找到更多解决问题的思路。但不是所有的朋友都适合倾诉。

一个思想成熟的朋友才能够理解你的烦恼，而思想幼稚的朋友只会笑话你“大男人难受什么”！

另外，善意的朋友不会把你的痛苦当作玩笑告诉他人，更不会和他人一起嘲笑你。

CHAPTER 3

在友谊中获得成长力量

男生相处原则

行行

我最近认识了一些新朋友，他们经常叫我一起出去玩。但是有几次，之前的老朋友喊我打篮球我没去，结果他们就有点儿不高兴了。

冬冬

如果需要和新朋友一起参加活动而不能陪伴老朋友，也要让老朋友感受到你是希望和他一起共度闲暇时光的。但也有一种可能，随着年龄的增长，我们和老朋友喜欢的事物开始变得不一样了，或者变得没那么喜欢和对方相处了。如果是这种情况，我们要尽量处理得温和点儿，不要让对方感觉自己突然被抛弃了。此外，我们还可以作为中间人去为老朋友和新朋友牵线，让他们成为自己共同的朋友。

行行

如果他们相处不来呢？我之前在新朋友过生日时想叫上老朋友一起去，但新朋友觉得和我的老朋友不熟，不想让他过去。

冬冬

生日是特殊的日子，大家往往都希望和亲近的人一起度过，所以这不是介绍新、老朋友认识的好时机。更何况，也不是每个人都希望和朋友的朋友成为朋友的。另外，有的人比较排斥你除他之外还有其他的朋友，他们想独占你的友谊，和他们相处时，不要过多地提及别的朋友，不要让他们觉得自己被冷落了。当然，如果他们的占有欲太强，让你感到痛苦，那么他们可能也不适合做你的朋友。

风风

我好像明白一些了。

冬冬

我们不必刻意追求朋友的数量，因为朋友过多有时也会让人感到身心疲惫。时间是有限的，我们不仅需要花时间学习，还需要时间和真正的朋友去相处。

行行

明白了。今天的小课堂能不能讲一讲人际交往的一些小诀窍呢？

冬冬

没问题。

拒绝讨好

很多人误以为尽自己所能满足他人的需求等于良好的人际关系。

如果一个人总是想去讨好别人，反而会让自己变得不受欢迎。交友的一个重要原因就是被他人的优秀之处所吸引，觉得和这个人相处是有趣的。

当然，这并不是说在朋友需要我们的时候事不关己、高高挂起，而是要懂得，不能一味地为满足他人的需求而完全不顾自己的感受。

另外，当对方说一些让我们不舒服的话、做一些让我们不舒服的事情，或者触及我们做人做事的原则时，虽然不至于对着他大发雷霆，但也要让他明白，我们不喜欢他这么做。

• 做好自己

“做自己”和“做好自己”虽然只有一字之差，但意思完全不一样。

打个比方来说，如果“做自己”，我们可能会不顾父母的收入情况而肆意消费，购买自己喜欢的任何东西。

而“做好自己”就是体谅父母赚钱不容易，虽然不放弃“做自己”去购买自己喜欢的东西，但我们会把握一个度，不会肆意消费。

社交可以减少孤独感，而学习、工作、才艺上的优秀，会让我们更受欢迎。

高情商让人受欢迎

大家都更愿意和高情商的人做朋友，其原因是和高情商的人相处起来十分舒服，不用担心他突然因为一些小事就情绪激烈，也不用担心他说出一些不合时宜的话让人难堪。更重要的是，他懂得在相处的时候，给他人表现自我的机会，认真听别人讲话，而不是独占风头。

我们要懂得观察每个朋友的“软肋”，不去说一些刺痛他们“软肋”的话。比如，不要在朋友考试失利时炫耀自己的优异成绩，也不要在那些因肥胖而自卑的朋友面前说他又长胖了。

另外，我们也要懂得在聊天时不要只顾讲自己的事情，毕竟人与人之间最喜欢聊的话题就是和自己有关的话题，对方也是一样的。尽量给对方留一些讲自己事情的时间和机会。

懂得陪伴的意义

人在难过的时候需要朋友的陪伴，人在开心的时候需要与朋友分享。这些孤独的、愉快的、失落的、兴奋的时刻，正是因为有朋友在身边，才有了不一样的意义。

然而，我们既不喜欢这些陪伴时刻成为令人烦躁的说教时间，也不希望对方漫不经心地应付我们。

当朋友开心的时候，可能不需要太多的祝贺，和朋友共享他的愉悦比什么都重要。

当朋友不开心的时候，也不必开启说教模式，讲一些“事情总会过去的”“我之前和你说过不要……”“这没什么大不了的”之类的大道理，更不要在这个时候把话题扯到自己身上，跟人说：“我以前也遇到过，我之前如何如何，你看我如何如何解决的。”

这个时候我们只需要陪在他的身边，去感受他的难过，让他知道我们能够理解他的心情。

如果条件允许，我们可以略尽绵薄之力去帮助他，哪怕只是为他倒一杯水，买一杯他喜欢的奶茶，也会让他感受到友情的温暖。

朋友之间会因为谈钱伤感情吗

行行：唉，这个月的零花钱又不够了。

风风：你妈妈不是前几天才给过你零花钱吗？

行行：上周末不是和朋友一起出去玩嘛，请大家吃饭、喝饮料，然后就没钱了……

风风：你也太“大方”了吧？！大家都只是学生，零花钱不多，为什么不平均分担呢？

行行：没办法呀，谈钱伤感情。如果太小气了，就会没有朋友。

冬冬：那你希望朋友是因为你经常请客才和你一起玩吗？

行行：当然不希望啊！唉，小气不行，大方也不行，那怎么办呀？

冬冬：那我们今天就来讲讲交友中关于金钱的那些事吧。

不要用金钱去讨好朋友

从表面上和短期效果来看，通过金钱去“讨好”他人是有效果的，毕竟有的人不会在乎你是谁，只会在乎你有没有钱，他们的确会因为你能够让他们占到便宜就和你一起玩。但从长远来看，用金钱换来的友谊没有价值。

首先，从本质上来说，我们是希望让自己受欢迎，而不是希望我们的钱受欢迎；我们希望的是自己可以结交很多朋友，但为利益而来的不是朋友，是外人。

大方是一种好品质，别人如果因此而欣赏我们，是很好的一件事。但如果对方只是因为可以占便宜而围着我们转，那当他们占不到便宜时就会扭头走人。

即便对方表现得和我们非常亲密，但如果他只是为了钱才愿意和我们玩，说到底这也只是一段无效的关系。那么，这样的“朋友”对于我们来说又有什么意义呢？

其次，从长远来看，与这些“朋友”（能占便宜就蜂拥而至，占不到便宜就冷眼相待，对你没有真诚与善意）的关系不会长久。

最后，在乎自己的人缘无可厚非，但过于在乎自己是否受欢迎则是痛苦的。因为过分在乎，意味着我们在活给别人看。别人捧着我们、围着我们转的时候，我们会一边沉醉其中，一边害怕被捧得越高，跌得越重。别人疏离我们的时候，我们会一边自怨自艾，一边责备别人为什么这么对我们。

我们应该活给自己看。只有看淡他人的恭维与巴结给我们带来的虚荣，才能活出自我来。

不要因为金钱而伤感情

很多人觉得跟朋友谈钱伤感情，其实，如果对方真的把你当朋友，就不会把你逼到不得不和他因为钱而伤感情的地步。

要明白，善良的人不会慷他人之慨。他如果这么做、这么说，那意味着他就是想占你便宜而已，张口闭口叫你兄弟、朋友，也只是虚与委蛇。

如果对方确实把你逼到不得不和他伤感情的地步，那就伤感情吧，该怎么算清楚就怎么算清楚。他如果做得很过分，也说明和你之间没什么感情。

至于我们自己，也不要去“假大方”，明明心疼得要死，已经给自己的经济状况造成了不必要的麻烦，还要装作“我有钱”！

因为，这样的“假大方”久了，我们肯定会对对方心生怨怼，从而内心失衡。这样的不满日积月累，朋友之间就会出现隔阂，不如一开始就和对方“亲兄弟，明算账”。

把钱借给朋友，不是说完全不可以，而是说我们在把钱借出去之前要衡量一下。

1.他是因为什么事情借钱

如果是偶尔不小心提前花光了生活费，或者有什么紧急事情，那么我们帮一下忙也是可以的。

2.他的信誉如何

如果他经常借钱不还，无论是对你还是对他人，那就告诉对方，我最近买了××，现在手上也没什么钱，或者家人对我的钱管得很严之类。

3.量力而为

我们借出去的钱最好控制一个度，借出去后不会影响自己的生活，即使对方不还也不会心疼。此外，送礼物和请客也要衡量好自己愿意付出多少，即便没有回报也不心疼。

行行：在饭桌上算每人出多少钱，我会不好意思的。

冬冬：不一定非要在饭桌上算，如果是人比较多的聚会，大家可以事先每人拿出一部分活动经费，交给一个靠谱的朋友保管，让他算清楚支出，最后多退少补就可以啦！另外，均摊不只有平均分担这一种选择，比如，朋友之间如果形成一种默契，轮流买单，尽量保持每个人的付出均衡，这样也算是“AA制”呢。

行行：明白了。如果朋友不是占小便宜的人，那自然也就没有这些烦恼了。

冬冬：对的。不过，如果我们的零花钱比较多，而朋友也不是故意占便宜的人，那么我们多付出一些也没问题。另外，我们要提醒自己不能做那种爱占便宜的人。

行行：我才不是那样的人呢！

远离“损友”

行行

唉，我觉得跟有的朋友相处起来挺累的……

风风

你不是一直很喜欢交朋友吗？怎么会突然有这样的感慨呢？

行行

聪聪是我特别好的朋友，我们俩天天一起上下学，周末一起出去玩，挺开心的。但最近我发现，只要和他待在一起我就变得非常消极。

冬冬

怎么会这样呢？

行行

因为他特别喜欢损人，比如，我说要去参加演讲比赛，他就特别鄙视地说：“现在谁还参加演讲比赛呀，真幼稚！”再如，我说我这学期一定要发奋图强，期末考试肯定能进入班里前十名，他却说：“你要能进前十名，我就能考进北大了。”一开始我也没当回事，感觉男生之间互相损来损去很正常，可是时间久了，就觉得挺不舒服的，而且慢慢地开始怀疑自己的能力。

风风：你想想，为什么别的朋友损你，你不会生气，而他损你，就会让你很不舒服呢？

行行：我想想……感觉他说的都是我特别在意的事情，而且他是真的认为我能力很差，而别的朋友开玩笑时说的都是那些我并不在意的事情，比如他们说我臭美，路过镜子时能照半天之类，而且不会一副瞧不起我的样子，也不会真的认为我不行。唉，你们说我该怎么办呀？

冬冬：既然这样，为什么还要和他做朋友呢？

行行：我们认识这么多年了，也经常在一起玩，怎么能说绝交就绝交了呢？而且除了这件事之外，我们两个人的兴趣爱好也都差不多。

冬冬：我认为，你是把他当作玩伴，而不是真正的朋友。

行行：什么是真正的朋友呀？

冬冬：真正的朋友懂得欣赏你、理解你，他们和你有很多思想上的共鸣，能看到你身上的闪光点，给你带来进步的动力，在你成功的时候不嫉妒你，在你失败的时候不嘲笑你。

行行：这么说来，他并不是我真正的朋友，那我不在乎他就好了，反正只是玩伴而已。

冬冬：不能这样简单处理。虽然不能要求玩伴成为知己，但也有一些“毒朋友”会在潜移默化中给我们带来很多负面影响。

行行：什么是“毒朋友”呀？

冬冬：今天的小课堂就和你们讲讲五种要避开的“毒朋友”吧！

• 如果你的朋友喜欢贬低他人

如果一个朋友经常贬低你擅长的事情、你在意的事情和你的努力，就会在潜移默化中让你变得越来越不自信。

如果不留心，这样的“毒朋友”是很难察觉的，等察觉的时候，你或许已经成为习惯性自我否定的人了。

因为他只能看到你的缺点，却丝毫看不到你的优点，并且会放大你的缺点去攻击你，否定你整个人。这并不是说朋友不可以说出我们的缺点，我们也需要朋友时刻提醒我们怎么做才能变得更好。但如果他是用嘲笑、侮辱、攻击、人格否定等方式去贬低你，那么他的出发点就值得质疑。

比如，他会说：“你上次的演讲很糟糕，现在班里同学都在说你没本事还爱逞能。”“上次某某叫你出来玩，你不来，现在大家都不想和你玩了。”

另外，如果他明明知道你对身体的某个部位比较自卑，而且你在他说的时候表现得很受伤，但他仍然屡次以开玩笑的形式贬低你，甚至在大庭广众之下这么做，那么这就是对你的故意伤害。

• 如果你的朋友情绪极端

如果你的某个朋友总是喜怒无常，对你的态度经常大起大落，这样的人往往报复心理特别强。当你们有矛盾时，他并不是口头上抱怨几句就算了，而是处心积虑地通过某些手段给你带来严重伤害，加倍地报复你。

• 如果你的朋友过于悲观

这类人经常宣扬“努力无用论”，用厌世的态度去面对生活。他们往往觉得这样非常酷，是一种可以轻松凸显自己的方式。

其实，这种方式并不能让自己变得鹤立鸡群，因为“丧”是一件很简单的事情，而因才华在众人中脱颖而出，却是需要付出很多努力才能做到的。

这种朋友的“丧”是会传染的，他们会让你本来阳光快乐的心态渐渐地变得阴沉。

• 如果你的朋友染上恶习

我们不必计较朋友是否完美，哪怕他身上还有各种小毛病，或者和我们有些小矛盾，这都不重要。但是，如果他有毒瘾、赌瘾之类的恶习，那我们就要远离他了。

因为这样的朋友需要专业人士的帮助才能戒掉恶

习，而我们是未成年人，很难帮到他们，尤其是在他们也没有改变意愿的情况下。

和这样的朋友接触得多了，我们不仅会面对借钱的纠缠，还极其有可能被同化，染上恶习，与他们一起掉入深渊。

• 如果你的朋友经常利用你

如果一个人总是做一些损人利己的事情，处处盘算着怎么坑你，而让自己有利可图，那么与他交往得越久遇到的麻烦就越多。

他往往只琢磨怎么利用你，而从不考虑你会不会在这件事中受到伤害，甚至觉得你是他的朋友，不应该因为怕伤害就拒绝他。

真正的朋友就算需要你的帮助，也不会强人所难，更不会只考虑自己。如果你帮助了他，他即便是当下不能回馈你的帮助，之后也会在你需要的时候伸出援手。

男生的问题

家长认为我的朋友是损友，我该怎么办?

家长有时候不认可我们的一些朋友，是因为他们并不了解我们的朋友，就像我们也不了解他们的朋友一样。毕竟只有相处久了，才能更了解对方。如果我们的朋友真的很不错，那么不妨在家长面前多讲讲朋友比较正面的事情，让家长全面地了解我们的朋友。更重要的是让家长看到，我们结交的这些朋友不仅没有给我们带来伤害，还让我们变得更优秀了。

帮助被孤立的同学

行行：唉，你们知道被同学孤立了该怎么办吗？

冬冬：啊？你人缘那么好，怎么会被孤立呢？

行行：不是我，是我们班一个女孩子被孤立了，我想帮帮她。

冬冬：你是不是喜欢她呀？

行行：当然不是啦！我喜欢外向的女生，她很内向，平时都不敢跟同学说话，再加上她卫生习惯不是很好，班里同学总在背后嘲笑她。她现在变得越来越沉默寡言了，我很想帮帮她。

风风：你想怎么帮她呢？看看我和冬冬有没有能帮得上忙的地方。

行行

我想了半天，就想到我人缘还不错，如果我主动和她聊天，其他同学就可能觉得她并不是班里的“边缘人”，然后我在同学面前再多说些她的优点，打破那些把她说得很糟糕的传闻，其他同学应该就愿意和她接触了。

冬冬

这个主意很不错。下面我再讲两种被孤立的常见情况，以及解决的方法吧！

遭遇校园霸凌而被孤立

霸凌不单单指那些殴打被霸凌者等暴力行为，也包括使用冷暴力来排挤他人等。那些以欺负他人为乐的同学通过孤立排挤他人来获得掌控的快感，而没有顾及这些行为给被霸凌者带来的痛苦。

如果身边的同学遭遇霸凌，我们不要做冷漠的看客，因为如果我们不敢作声，也同样会被视为软弱的可霸凌对象。而如果我们敢于制止他们去欺负别人，他们就会知道我们并不害怕他们，以后就不敢欺负我们了。

在同学被霸凌的时候，我们可以告诉那些霸凌者，他们这些行为会对他人造成伤害。因为有些霸凌者可能从来没有考虑过被他欺负的人的感受，如果提醒他们，就有可能让他们反思自己的行为。

应对霸凌的方法

下面根据具体情境讲几种应对霸凌的方法。

- 如果霸凌者是在辱骂他人或者给他人起侮辱性的外号，我们不要跟着起哄或大笑，而是要对霸凌者说：“不要这样说他！”

- 如果被辱骂或被起难听外号的是我们自己，则可以对霸凌者说：“你这样很无聊。”“你这样非常不好。”或者给他一个“你好无聊”的眼神，然后彻底无视他，让他产生自己在做蠢事以及被无视的感觉。

- 如果霸凌者在对他人实施暴力行为，我们可以大声说：“住手！”“别打了！”如果并不是很危险的情况，我们也可以上前劝阻。

● 如果是一群人在对他人实施暴力，而自己势单力薄，要先保证自己的安全，然后跑去找大人帮忙或者报警，或者在条件允许的情况下编一些善意的谎言，比如对他们说："我刚看见教导主任要过来了。"

● 如果还没有升级到实施暴力的状态，也可以尝试把霸凌者支开，比如对霸凌者说："班主任正找你呢，让你赶紧过去。"

● 如果是你受到了他人的威胁，感觉自己可能会遭到殴打的时候，一定要及时告诉家人、老师。另外，平时尽量不要落单，他们往往不会在你身边有三五好友时对你下手。

● 如果是突发情况，那么千万不要跟对方去人烟稀少的地方。在人多的地方，他们会有所顾忌。

● 如果你不小心落单，在对方威胁你的阶段就近迅速跑进店铺里、老师的办公室里，然后给家人打电话或者告诉老师。

● 如果对方已经开始殴打你，你要一边护住关键部位，比如头部、胸部，一边大声呼救，赶紧逃跑。

● 如果对方持有利器，尽量不要激怒对方，先配合对方的要求，找到机会时再赶紧逃跑。

● 如果要殴打你的霸凌者只是一个人，而你在体力上是占优势的，那么就可以直接阻止他殴打你的行为，然后告诉他不要再做这种无聊的事情。当然，这种霸凌行为往往是多人进行的，因为他们也需要虚张声势，互相壮胆。

● 如果是同学被霸凌者排挤，你可以尝试关心这位遭遇霸凌的同学，和他说说话，或者邀请他一起出去玩，让他感觉到自己不是被完全孤立的。

● 如果被霸凌者排挤，那首先要调整心态，告诉自己不必在乎这些人。因为我们不在乎他们的时候，他们所表现出的言语和态度，对我们来说就没有任何意义了。其次，如果受到他们的影响就不和我们做朋友的人，对我们来说也是不重要的人，这些人也不必在乎。最后，这个世界上既有霸凌者，也有不畏霸凌、坚持正义的人，他们会在你被欺负的时候替你说话，这些人对我们来说才是重要的人，是真正的朋友。

• 因为个人的不恰当行为引起孤立

如果的确做了一些伤害他人或者让大家很排斥的事，也可能会引起大家孤立，比如，经常说谎、经常在背后说别人的坏话、个人卫生习惯不良等。

如果我们因为上述情况而被同学们孤立，那么首先要改变这些不良行为，其次是向那些被自己伤害的同学真诚道歉，最后要在大家面前拿出今后会改正的态度来。

如果是他人因为上述情况被孤立，那么我们可以在不伤及对方自尊的情况下，私下温和地告诉他，如果他做出改变，会有更多人愿意和他做朋友，帮助他做出改变。

比如，对方卫生习惯不是很好，就可以在四下无人的时候，以闲聊的方式告诉对方："你刚洗过头发的时候看起来特别有朝气。""每天换衣服对皮肤特别好，你看我都不长痘痘了。"当然，如果对方完全信任你，你也可以在独处的时候直接告诉对方该洗澡了。

CHAPTER 4

喜欢一个人会变得更幸福吗

情窦初开时刻

行行

我们班有个男生特别喜欢吹牛，前几天被班里同学给揭穿了。

冬冬

啊？他吹牛说什么了？

行行

他跟同学说，他早就有女朋友了，女朋友比自己大两岁，已经出国留学了。班里同学都说他吹牛。他后来不仅去注册了一个微信小号，假装女友给自己发消息，还注册了一个微博，发了一些从其他网站下载的风景图片，假装成那个虚构出来的女生在微博上与自己互动。

冬冬

那你们班同学信了吗？

行行

我们现在都把这件事当成解谜游戏了，不断地在背后分析照片真假和聊天记录的真假。直到有一次，他登录微信小号的时候，被一个同学发现了，班里有几个同学就奚落了他。

冬冬：那他肯定很难过吧？

行行：对呀，他觉得实在是太难堪了，以至于装病请了几天假。后来整个人就一直蔫蔫的。

冬冬：如果说早恋是让家长最头疼的事，那么没人恋则是很多男生最头疼的事。在情窦初开的年龄，对爱情充满幻想和期待，当期待落空的时候，难免会去做一些找回面子的事情。

风风：不过，他这样“吹牛”，倒也算不上人品的问题。当我们在对一些事情求而不得的时候，我们往往会通过幻想来获得满足感和优越感。很多男生不仅会假装自己有女朋友，还会在跟同学聊天时按自己的想象去描述自己的父母、朋友、兄弟姐妹。

冬冬：无论想象如何美好，我们终究还是要在现实中生活。只有面对现实中的问题，解决问题，才能让生活越来越美好。

行行

情窦初开的男生都会做这些傻事吗？

冬冬

对，这些傻事有时候会伤害自己，有时候还会给自己喜欢的女生带来烦恼呢。

行行

啊？为什么喜欢一个人却会给对方带来烦恼呢？

冬冬

这个嘛，我在“冬冬小课堂”里会给你们详细地分析一下。

• 喜欢他人需要分寸感

追求一个人往往会让人费尽心机，如果用错方法，不仅让追到心上人变得越来越不可能，还会给心上人带来无数困扰。

我们要懂得尊重对方的感受。对方是否喜欢你，是对方的事情；接受或者不接受我们的感情，是对方的权利。我们不能因为自己喜欢对方，就要求对方回应同样的喜欢，更不能因为对方没有回应就去指责对方伤害了自己的感情。

我们喜欢一个人，应该在乎对方的感受，把对方当作一个独立的、有血有肉的人对待。

即便对方的回应不是我们想要的，我们也要接受，因为对方并不属于我们。我们能决定自己喜欢或者不喜欢一个人，对方也有同样的权利。

如果喜欢一个女孩，要注意下面几点。

1.观察对方的回应

如果对方是拒绝的态度，或者不回应，那么我们就不要死缠烂打，不然会给对方造成困扰。我们要明白，喜欢是一种非常个人化的感受，不能强求对方和我们的感受同步。尊重这种不同步，才能让你在和对方相处时不会给对方造成困扰。相反，如果不尊重这种不同步，就会让对方更加排斥和你相处。

2.注意分寸感

如果喜欢一个女孩，可以把这种喜欢藏在心里，也可以向对方告白，但千万不要把这个秘密搞得人尽皆知。大家的起哄会让女生非常尴尬，甚至会影响女生正常的学习和生活。

3.让这种喜欢成为自己变优秀的动力

当对方与你感受不同步的时候，你就要去思考，这究竟是因为彼此并不熟悉，还是因为她的确出于某些原因不喜欢你。如果是因为不熟悉，那么你就可以通过一些机会让对方熟悉你，让你们之间的感受逐渐同步。

如果是后者，那就要看情况了。一种情况是她喜欢的类型的确不是你这种，你无须改变，因为她不喜欢的地方，可能未来你喜欢的人会觉得特别棒呢。另一种情况是对方不喜欢的地方，的确是你需要改进和成长的地方。

这样，我们就可以把这份喜欢化作动力，督促自己变得更好。不过，我们要明白，这些改变不是为了对方，而是为了自己。因为我们在这个过程中变得更优秀了，这份喜欢在未来也将成为美好的回忆。

女生喜欢什么样的男生

行行

冬冬，快起来和我讲讲女生喜欢什么样的男生吧！

你干吗这么着急，莫非是有喜欢的女生了？

冬冬

行行

哪有，我只是好奇嘛！

那好吧，我给你讲讲女生喜欢什么样的男生吧。

冬冬

• 拥有优秀品质的男生更有魅力

优秀品质会让一个人魅力无限。优秀品质包括：真诚、友善、上进、认真、负责、高情商、尊重他人、帮助弱小等。

真诚：真诚地面对自己和他人。真心待人，不会处心积虑地算计他人。

友善：如果只对自己喜欢的女生友善、热情，对他人却尖酸刻薄，女生就会觉得你是个善于表演、虚伪刻薄的人。

上进：对于女生来说，一个无所事事的男生和一个有上进心的男生相比，后者更有魅力。女生喜欢男生认真学习、认真工作时的样子。

负责：负责意味着有担当，尤其是在面对自己的选择、自己造成的错误、自己生活中的困境的时候。一个男生如果遇事就只想着逃避或者甩锅，那会让人小瞧的。

高情商：情商包括对自我情绪的了解，对他人情绪的了解，对自己情绪的控制，对他人情绪的帮助。比如，当遭遇他人拒绝时，我们能知道自己内心愤怒的原因是什么，而不是一味愤怒，甚至迁怒他人，能够用适合自己的方式去调节愤怒的情绪，不让我们的情绪伤害到自己与他人。

尊重他人：不懂得尊重他人就不会懂得什么是爱。我们喜欢一个人，首先就要懂得尊重对方。尊重他人的选择与意愿，尊重他人的人格与潜力都是很重要的。

帮助弱小：当面对比自己强大的人时，还能挺身而出去保护他人不受到伤害，这就是真正的勇敢。当然，我们也不必要求自己事事都勇敢。但我们可以做到，在安全范围内给予他人力所能及的帮助，不丢弃自己的怜悯之心。

• 女生不会只看外貌的

虽说不同的女生会喜欢不同类型的男生，我们也不需要让所有女生都喜欢自己，但很多时候那些具有大众魅力的人的确更容易收获爱情。

有句话叫作“能得到爱情的人，一定是不缺爱的人”，原因在于，如果我们只能吸引一个女生，那这个女生恰巧被我们喜欢的概率很低。但如果很多女生对我们有好感，那我们喜欢的女生也在其中的概率就比较高了。

另外，要分清楚，可以得到很多人喜欢的人不是“海王”，只是他们身上有大部分人会喜欢的魅力。“海王”是通过伪装一些美好的品质吸引女生，例如他会伪装得很真诚，其实根本就不真诚，总“吃着碗里看着锅里”，跟多个女生建立恋爱关系，打着恋爱的旗号和对方交往，实际另有目的。

所以，不要把吸引力低自诩为深情专一，也不要把欺骗女生的感情自诩为有魅力。

或许你还会说，男生长得帅才是恋爱中最有利的条件。

不错，女生当然会被长相帅气的男生吸引眼球。但看第一眼时被吸引，不代表长期相处会喜欢上对方。对女生来说，外貌并没有那么重要，如果你有美好的品质，在女生的眼中是远胜绣花枕头型男生的。如果没有美好的品质，那就真的是绣花枕头啦。

• 有个人特色的男生更有魅力

如果拥有上述美好品质，再加上鲜明的个人特色，那就更有魅力了！

那什么是个人特色呢？个人特色指你是否擅长运动、性子是活泼还是沉稳、是否喜欢做家务、喜欢看什么类型的书与电影等。

比如，你喜欢画画，那么喜欢画画的女生就更容易欣赏你。再如，你很喜欢武侠电影，那么同样喜欢武侠电影的女生就会觉得和你很有共同语言。

这些不需要刻意而为。个人特色也会带来一种逆向的筛选，筛选出可以接受我们的人。如果隐藏或假装具有某些个人特色，时间长了，你会觉得自己装得太累了。

爱也需要学习吗

冬冬

哈哈，昨天碰到的那只橘猫跟我整整聊了一下午呢。

行行

你们在交流如何教导其他猫猫狗狗说话吗？

冬冬

不不不，我们交流的话题比这个深奥。巧的是她家也有两个青春期的小孩，不过，那是两个女孩。她们和你们一样，在进入青春期后有很多困惑。啊，没想到我会从猫猫身上学到很多呢！

风风

我们也没想到狗狗可以教我们这么多呀！真是个奇妙的世界。

行行

那你快和我讲讲到底什么是爱吧。我身边有朋友在谈恋爱，但我总觉得他们跟玩过家家一样，和我想象中的爱情不一样。

冬冬

好！这个问题经过我和橘猫的“学术探讨”，今天一定讲得让你们满意！

• 爱是什么

关于爱这件事，从古到今，有很多诗词描绘过它，比如：“曾经沧海难为水，除却巫山不是云”“身无彩凤双飞翼，心有灵犀一点通”“一日不见兮，思之如狂”……

这些诗词里描述的爱，往往具备三个特点：坚定不移地厮守终生、至交好友般亲密无间、纯粹而热烈的激情似火。

美国心理学家斯滕伯格提出过一个理论，叫作“爱情三元论”。他认为由激情、亲密、承诺三个要素可以组成七种不同的爱情。

激情是着迷，是兴奋，是心动，是发自内心的原始渴望。

亲密类似于友情，有着相互的欣赏、真诚以待、认可、共鸣、信任、尊重、理解、支持、包容、懂得分享、重视彼此、非常享受和对方的相处、希望对方可以感到幸福与快乐等。

承诺是内心的矢志不渝与情侣身份的确定、婚姻等外在形式的结合。

如果只有激情，则是迷恋式的爱情。这种感情是那种对对方并不了解却无比痴迷的感觉，人们多在初恋时容易出现这种情况。

如果只有亲密，则是喜欢式的爱情。这种感情说是爱情，其实更像两个相处着舒服的好友在一起。

如果只有承诺，则是空洞式的爱情。比如，有些大人以结婚为目的去相亲，然后随便找个条件匹配的就结了婚。两个人既没有亲密感，也没有激情。这样凑合地结婚，最终往往是痛苦地走向离婚。

如果激情与亲密两者并存，则是浪漫式的爱情。这样的爱情往往比较幸福，双方既可以如同朋友般相互尊重、彼此理解、有很多共同的语言，彼此间又充满激情，一日不见，如隔三秋。至于为什么两人没许下承诺，有各种原因，比如在恋爱初期、不婚主义等。因为爱情具有排他性，当相爱的两个人没有办法给予对方承诺时，会让人产生不安和痛苦，从而产生一系列的情感挑战与情感矛盾。

如果激情与承诺两者并存，则是愚蠢式的爱情。两个人如果没有信任、理解、支持、包容和共同语言等，只是因为一时冲动而去恋爱或结婚，必然是一种愚蠢的选择，结果也可想而知。

如果亲密与承诺两者并存，则是伴侣式的爱情。因为缺少激情，即便这样的爱情比愚蠢式的爱情更长久，但时间久了，也会让人觉得少了些什么。当遇上让自己有激情的人时，婚姻或恋爱关系就可能破裂。

如果激情、亲密、承诺三者并存，则是完美的爱情。这样的爱情就像三角形一样稳固。因为这样的爱情总能让人感到安心、幸福、愉悦、心灵契合，并为彼此着迷。

• 不要沉溺于爱情幻象中

每个人对于完美异性都有不同的想象。当遇到一个跟我们想象中的类型有部分契合点的人时，我们就会产生爱情的幻象。

比如，我们觉得自己喜欢上了一个善良、真诚、努力的女孩子，但其实只是她平时说话很温柔，或者我们只是知道她在利用假期去勤工俭学。我们通过对她片面的了解，就把她完全带入我们想象出的人物形象里，然后觉得自己深深地为对方心动。

让我们心动的其实并不是她，而是我们想象出来的那个形象。

无论是青春期少年还是成年人，都容易被爱情的幻象所欺骗。有的人喜欢了一个人很久，甚至跟她在一起了，事实上，喜欢的也依然是自己的想象，而不是那个真实的她。

所以，当出现爱情幻象时，我们先不要急着去海誓山盟，而是要多去了解对方，看她是否真的是自己想象中的她，是否真的是那个让自己觉得深深爱上的人。

学会尊重女孩

风风：前几天，同学跟我讲他表哥的爱情故事，说有一次，他表哥学着电视剧中的台词对女朋友说：“等我以后赚大钱了，你就什么都不用做，我来养你。”然后女生就说：“我才不需要你养呢，我以后要读博士，去做医药研究。”

冬冬：这个女孩子挺上进的呀，怎么吵起来了？

风风：同学的表哥接着说了一句：“女生读博士，谁敢娶呀，只能我勉为其难娶你了。”结果把女生气坏了，说要和他分手。

冬冬：那他知道女生为什么生他气吗？

风风：估计他是不知道，他觉得自己想要表达的是无论如何他都愿意娶她。但不知道女生为什么不仅不领情反而更生气了。

行行

我也没想明白女生为什么会生气呀？你同学的表哥不是在向他女朋友表达自己对她的喜欢吗？

冬冬

爱的前提是尊重。如果都不懂得尊重对方，那么他表达出来的爱就不是爱了。

行行

可是我没听出来他不尊重她……

冬冬

他说的话其实不光是对他女朋友的不尊重，而是对所有女性的不尊重。他认为女性学历高、掌握过多的知识会吓跑男生，并以此判断女性掌握过多知识是女性的劣势。实际上，这并不能说明女生不该多读书，而是证明了那些被吓跑的男生内心是自卑的。

行行

为什么这么说？

冬冬

真正内心强大的男人即便在某些事情、某些方面输给女生，比如没有女生学历高，也不会觉得有损自己的男性气概。

行行

原来是这样。不过我要为我们男生说句公道话，其实有时候我们说出一些不太尊重女生的话，不是因为真的想伤害女生，而是我们不太知道哪些话会伤害女生。就像哥哥同学的表哥在说那些话的时候，本来是想表达对女生的喜欢，结果却伤害了女生。

冬冬

我相信你说的，的确有很多男生并不是有意伤害女生，只是他们不太懂得什么样的言语与行为是不尊重女生的，那我们今天就好好讨论一下这个话题吧。

尊重女生的智慧

很多人对女生有一种刻板印象，会坚持认为："女生读小学学习好，到了初中就追不上男生了。""女生不适合学理科，她们没有理性思维。""女生不适合做管理者。"……

这样的论调往往前半句是在贬低女性，后半句是在抬高男性，实际上都是无稽之谈。说这种话的人不仅不尊重他人，还有些自吹自擂的意味。

• 尊重女生的品质

人的道德品质来源于后天的教育和自我成长，而非由性别所决定。所以有些论调，比如说男生懒惰、爱骗人，或者说女生崇尚物质、爱说谎之类的，都是一概而论。

当我们在女生面前贬低她们女性的品质，那么必然是把她包含在内一起贬低的，对方肯定会觉得不被尊重。

就算单独把她撇清，比如跟她说“之前觉得女孩子很崇尚物质，但感觉你特别单纯”，依旧会让人不舒服，并让人觉得说这种话的人思想落伍，见识短浅。

• 尊重女生的选择

这里的选择是指喜好、信仰、婚恋、运动类型等方面不伤害他人的自由选择。无论对方的选择是什么，我们都不该以性别为理由去抨击对方。

比如，女生相信星座，你可以和她探讨，但不能粗鲁地说：“你们女生怎么这么迷信？”并且要明白，不论你信不信星座，对方都有选择的自由，那么你需要尊重对方的选择，而大可不必因此指责对方。

再比如，女生喜欢自由搏击，想要成为职业运动员，你就不能说：“女孩子舞刀弄枪的像什么样子呀！一点儿都不斯文。”

另外，当我们喜欢上一个人时，如果对方不喜欢自己，要尊重对方的选择。

哪怕我们很喜欢对方，但在彼此感受不同步的情况下，不要一味地表达自己的爱意，因为这不仅不会让对方感到快乐与尊重，反而会给对方带来困扰。

反过来，当某个人喜欢我们但我们不喜欢她的时候，也不要因为不喜欢就去说一些侮辱对方的话，更不要利用对方的喜欢去操控对方，让她为自己付出。

• 尊重女生的身体自主权

在青春期，随着身心发育、性意识的萌动，在与异性交往时，大家会对性行为产生好奇，这是正常现象，但无论对于男生来说还是对于女生来说，此时发生性行为都是很不理智的事情，因为身心都还没有做好充分的准备。作为男生，我们要懂得尊重女生，不能强迫对方答应自己去尝试性行为。

此外，无论女孩子喜欢穿什么样的衣服，只要不是有碍公序良俗，那都是她们的权利。通过衣着去侮辱他人、贬低他人、评定他人的品质都是无知、粗鄙的行为。

比如，有人总喜欢说："女孩子穿那么短的裙子，真×××。""穿得那么露，一看就是×××。""穿成这样真不知检点。"……这些都是非常不尊重他人的话。

男生的问题

如果家长说了不尊重女生的话，我们该怎么做？

如果家长说了不尊重女生的话，那我们可以告诉家长，这样说是会伤害女生的。如果家人我行我素惯了，那么我们也无须强求他们马上改变，只要我们自己能够做好，就已经很棒了。只要我们做得好，他们慢慢也会受到我们的影响的。

CHAPTER 5

爱学习的男生会发光

如何提升学习成绩

行行

哥，我这次考试，数学、物理成绩都是班里前十名。

哇！你这次发挥得不错呀！

风风

行行

但是……总成绩排名在班里是第三十多名，英语和政治成绩都创下了历史新低，我真的偏科太严重了。平时我特别讨厌背书，一背书就头疼。

风风

既然理科都能学得那么好，说明你是很聪明的。出现偏科，只是因为你没有掌握一些学科的学习方法而已。很多人都会说自己擅长什么，不擅长什么。其实，只要付出努力，通过有效学习，都能把不擅长的事情做得很好。所以，提高成绩的前提之一就是不要反复暗示自己“我不适合学英语”“我不适合学语文”“我就是记性不好”……而是告诉自己“从现在开始，我只要好好背单词、学语法，就一定可以学好英语”“从现在开始，只要我上课认真听讲，下课多做练习，就一定能学好数学”。这里要注意两点：一是暗示自己的时候一定要加上自己即将为之付出的努力，二是这些自我暗示要用“现在时”，千万不要说“将来我只要好好背单词……”。

行行

我好像的确没有掌握文科的学习方法，但是文科除了背，还有什么学习方法呢？

冬冬

文科学习也是讲究方法的。今天的小课堂就由我来讲一讲学习上的小技巧吧！只要掌握合适的学习方法，你的英语和政治成绩就会像你的理科成绩一样好啦！

教科书提炼法

很多学科需要背诵大量知识点，如历史、政治、地理、生物等。在学习过程中，我们可以把教科书提炼成一个个有联系的知识点，并且把它们单独摘录出来，与那些用来帮助理解的内容区分开。

这里教给大家一个提炼重点的秘诀。

- 遗忘
  - 遗忘与遗忘的进程
    - 遗忘的定义：对于记忆的内容不能够再认或提取有困难。
      - 不完全遗忘：能再认不能回忆。
      - 完全遗忘：不能再认也不能回忆。
    - 遗忘的进程：遗忘在学习一结束就开始了，最初进展很快，以后逐渐缓慢。
  - 影响遗忘的因素
    - 识记材料的性质与数量
      - 性质：越有意义，记忆越深。
      - 数量：内容越多，需要记忆的次数越多。
    - 学习的程度
      - 低度学习：对于材料的识记没有一次达到无误背诵。
      - 过度学习：在能够背诵之后再继续学习一段时间，可以使记忆效果更好。
    - 学习者的态度与内容的意义和作用——最先遗忘的是学习者不感兴趣、不符合学习者个人在学习或工作中需要的内容。
  - 记忆策略
    - 结果反馈——检查自己的学习效果，确定自己是否能够正确回答问题。例如，背诵或做题。
    - 背诵——把自己学过的内容大声地说出来。
    - 重复——出声地重复和在心里默诵。并在阅读的时候多问自己几个为什么，把学习的内容和客观的事实联系在一起。
    - 选择——把学习材料的每个段落都提炼成一句话、一两个术语。
    - 组织——把需要记忆的内容进行概括和分类。
    - 整体学习和部分学习相结合——篇幅短的整体学习效果好，篇幅长的部分学习效果好。
    - 系列位置效应——中间部分容易遗忘，对于学习内容的中间部分多增加记忆次数。此外，还可以把要背的词表分成几个较短的词表，缩短中间部分的学习内容。
    - 记忆线索——在学习新的概念、术语、名称时，把它们放在多个句子里去记忆。
    - 过度学习——同遗忘因素中的过度学习。
    - 间隔学习——学习一段时间后，休息一下，再接着学习，可以使注意力更集中，精力更充沛。
    - 保证睡眠——安排好休息与自由活动的时间，让大脑得到充分的休息。另外，在学习过后如果能够睡一觉，记忆会少受干扰。例如，躺在床上准备睡觉的时候，在脑海里过一遍今天学过的内容。
    - 复习——在间隔学习和过度学习的基础上，考试之前的复习会使记忆效果更好。

（资料来源：陈中永，《现代心理学》，中央民族大学出版社，2011年。）

每个人在提炼教科书知识点的时候都可以根据自己的实际情况来决定是否需要补充知识点。

另外，自己总结知识点的过程，也是加深自己对知识的理解和对内容整体掌控的过程，这跟辅导资料上提供的总结是完全不同的。辅导资料往往是将知识点讲解和总结、练习组合在一起，查找起来并不方便。

如果在背诵时对于某些知识点理解得不够深，或者无法用自己的语言去扩展描述，不妨打开课本复习相关内容，或者请教老师和其他同学。

• 简化错题集

整理错题集不需要每次都把整道题完完整整地抄上去，毕竟如果题目比较长或者错得比较多，把所有错题都抄上去需要花费太多时间和精力，很容易坚持不下去。

其实，我们只需要把题中自己不会的知识点，或者没有记全的知识点记录在错题集上就可以了。

通常有些题考核的是多个知识点（在物理、化学、数学、英语中这类题型比较多），做这类题时，如果你不知道如何把多个知识点综合运用，或者反应起来比较慢，就会影响考试成绩。

有时，虽然你能确定题中所考核的知识点，但就是解不出来题。在这种情况下，你可以先把解题思路简略地写在草稿纸上，然后将自己的答案与正确的解题步骤进行对比，看看自己到底哪里没有想到，思路在哪里出了问题等，最后把这道题抄在纸上（同时写上答案所在材料的页码）放进一个盒子里。这个盒子就是你的错题盒，每周复习一次，把能够正确做对的题拿出来，把还不会做的题记录在错题集上，反复练习。

• 学不如教

如果只是被动地接纳知识，那就很容易忘记。如果在学习后不断复习巩固就会记得非常牢固。

另外，我们不妨尝试去当一名小老师，比如说在网络上开通一个讲课频道（语音或视频都可以），用我们提炼好的“教科书”作为提纲去讲课。

平时我们也可以多给身边的同学讲题，这样可以加深对知识的理解与记忆。

• 利用便捷的网络

网络可以让我们接触到大量优秀的老师。如果在上课的时候，没有听懂某个知识点，或者某个知识点老师讲得还不够透彻，我们可以在网上找一找其他老师对这个知识点的讲解课程。

• 精简桌面

精简桌面就是在精简大脑的负担，我们在学习的时候，要让大脑尽量少接收非学习内容的信号。

无论是上自习还是上课的时候，桌面上只放目前学习的相关材料，其他书籍资料尽量放在视野之外，尤其是不要在桌面上放小玩偶、钥匙链、稀奇古怪的文具和手机等，这些都会让你在不经意间分心。或许你只是盯着它看了2秒钟，但再进入学习状态可能需要5分钟。

为什么要学会独立思考

行行

哥，电视里天天说要培养孩子的独立思考能力，这样才能培养出创新型人才，可我想了半天也不明白，到底什么是独立思考呢？是说要和别人的想法不一样吗？可是我们班上有个男生，不论别人说什么，他都说不对。我并没有感觉他有独立思考能力，反而觉得他很讨厌。

风风

嗯，“独立思考“这个词我也经常听到，但我的确没有想过它到底是什么意思。不过，虽然我还不太明白，但我觉得一味否定他人的意见或者听不进去别人的意见，这种做法不是独立思考。

行行

冬冬，你知道吗？

冬冬

我当然知道啦。不过，独立思考这件事可不是一两句话能说清楚的，咱们进入“冬冬小课堂”，来好好聊一聊吧！

• 什么是科学思维

科学思维，也叫科学逻辑，是人对自然界中客观事物的一种认识行为和认知方式，也是激发我们追求科学知识的一种认知动机。

建立科学思维能帮助我们在探究问题时，不人云亦云，不盲目跟从，而是讲究逻辑，追求理论与证据的统一。

比如，通过星座来判断人的性格、恋爱、一周运势等，就是很不科学的一件事。如果没有科学思维，就会轻易地相信这些事情。而那些有科学思维的人通常不会因为这些星座的观点而暗示自己是什么样的人，会发生什么样的事。

许多心理学实验的结果能够轻易地推翻星座得出的结论。

比如，心理学中的巴纳姆效应，即当人们用一些普通、含糊不清、广泛的形容词来描述一个人的时候，人们往往很容易就接受这些描述，认为这些描述说的就是自己。

再看看下面这段描述：

你祈求受到他人喜爱却对自己吹毛求疵。虽然人格有些缺陷，但大体而言你都有办法弥补。你拥有可观的未开发潜能尚未就你的长处发挥。看似强硬、严格自律的外在掩盖着不安与忧虑的内心。许多时候，你严重地质疑自己是否做了对的事情或正确的决定。你喜欢一定程度的变动并在受限时感到不满。你为自己是独立思想者自豪并且不会接受没有充分证据的言论。但你认为对他人过度坦率是不明智的。有些时候你外向、亲和、充满社会性，有些时候你却内向、谨慎而沉默。你的一些抱负是不切实际的。

是不是觉得这段话也很符合对你的描述呢？

上面这段话来自心理学家福勒的一项人格测验，他从星座与人格关系的描述中搜集出这些内容。试后学生对测试结果与本身特质的契合度评分，最低是0分，最高是5分。结果所有学生得到的“个人分析”都是相同的，平均分为4.26。也就是说，每个人都会很容易认为一个笼统的、一般性的人格描述特别适合自己。

福勒教授通过实验来检验自己的猜想，用理性、求真的态度通过实验、观察、逻辑、归纳、演绎、社会调查、统计分析、评估和判断等来探索真相，这个过程其实就是科学思维的运用。

• 严谨的自然科学

生活中的一些现象，如飞机会飞，树叶会变黄，天上有太阳，是物质层面的自然科学研究的问题。这类问题的答案比较单一，即便有些未解之谜——比如恐龙是如何消失的，提出的假说很多——将来有一天我们可能会发现某种假说是对的，或者有另一个答案，但常常因果分明，产生结果的每个因素都会清晰明了。

这样的问题或许相对容易定义对错，起码在我们目前的认知层面有较为统一的答案。那些经过科学验证后的正确答案，会进入我们的知识传承领域，但这并不意味着答案永远正确，毕竟科学一直在进步，也会不断给我们带来观念的更新与惊喜。

所以，时刻保持着批判性思维，保持着想象力，才更有利于我们去探索这个世界。

• 复杂的社会科学

为什么会出现文字？为什么会出现婚姻？为什么要进行考试？诸如此类的问题是意识层面的社会科学研究的问题，它们往往不是一因一果。产生结果的因素非常复杂。

这样的问题往往没有标准答案，不同的时代，不同的地区，可能对于这个问题答案不同（就像不同的人对同一幅画的评价是不同的）。我们可以通过科学的方式去寻找答案，但不必执着于自己得出的结论就是真理。

当我们在讨论一些受意识层面影响的问题时，我们需要用更开放的态度去思考问题，对于社会科学问题的实验，既不要迷信数据，也不要迷信权威，要在前人智慧的基础上独立思考，从多个角度去看问题才能看到更多的变量。

另外，无论是社会科学所要探究的问题还是自然科学所要探究的问题，只要涉及人类，都有可能既包含物质层面的问题，又包含意识层面的问题。比如智商的高低，既会有先天不足（物质层面）的原因，也会有后天的学习、阅历、自我暗示、情绪（意识层面）等方面的原因。我们在寻求前者的答案时相对没那么复杂，而在寻求后者的答案时会有很多不确定性，想要完全精确地找到答案需要付出更多的努力。

• 什么是惯性思维

惯性思维也称“思维定式”，是由先前的活动而造成的一种对活动的特殊心理准备状态或活动的倾向。

一方面，惯性思维可以帮助我们更快速地解决问题；另一方面，惯性思维不利用创新。

就像《曹冲称象》的故事中，那些大人陷入惯性思维中，认为称一样物体就必须把物体放在秤上。但大象那么大，无法放在秤上，他们就不知道该怎么办了。只有曹冲跳出了惯性思维，想到先把大象牵到船上，在船下沉的地方画上记号，然后叫人挑石装船与记号齐，再称石块重量……

想要独立思考，具有批判性思维，不被惯性思维所局限也是非常重要的。

• 什么是批判性思维

批判性思维，不是出于要和他人就某个问题争对错的目的，而是对于世界万物充满好奇，从而产生独立思考。因为我们对于这个世界的好奇，让我们不再只是被动地接收信息，而是在接收信息的过程中认真地思考。

比如，牛顿被苹果砸到头的时候，如果没有对苹果落地这个自然现象产生好奇，去思考为什么苹果会掉在地上，只是觉得“苹果不就是该掉在地上吗”，那么他可能就无法提出万有引力了。

所以，想要独立思考，具有批判性思维，不是脱离前人智慧，也不是不经考证就一味拒绝接纳他人的想法，或者武断地否定他人的想法，而是需要开放性地接纳他人的智慧，在拥有更多已知知识的前提下，通过多方面思考并寻找支持自己理论的证据，为自己的论点提供论据。

这种思维方式还会让我们发现，从多个角度思考问题会让我们得到一个更完整的答案。

另外，批判性思维还可以运用到生活当中。比如，你某天突然痴迷于玩电脑游戏，这时你或许只是单纯觉得游戏好玩，如果站在理性的角度思考这个问题，是否还有其他原因呢？

行行

这下我明白为什么我们都不喜欢那个男生了，他不是多角度地看问题，而是认为世界上只有一个正确答案——就是他知道的那个。与其说他是在与大家探讨，不如说他是在通过否定他人的想法来显示自己的与众不同，而且很多时候他的“正确答案”也并不是通过积累知识后思考得来的，所以我们都不喜欢和他聊天。

冬冬

对的！独立思考虽然强调不要人云亦云，对于问题要有自己的思考，但这并不是说要全面否定他人的想法，而是要求我们学会在讨论时能以开放的态度接纳他人的想法，不被自己原有的观点所禁锢。因为懂得独立思考的人都明白“正确答案”都是相对的，很多问题往往不止一个“正确答案”。

行行

明白了！

风风

明白了！

学习可以走捷径吗

行行

今天考试时，我的好朋友让我给他传纸条，我不好意思拒绝，就同意了。结果我们被班主任逮住了，班主任说晚上要打电话给我妈，我现在一颗心七上八下的……

冬冬

唉，你朋友也真是的，为一次考试竟然甘愿冒险。考试作弊这种行为实在是不光彩，不光是在骗别人，也是在骗自己。

行行

可是他说，因为成绩不断下降，爸妈对他越来越失望。上次考试他其实就作弊了，拿了个好成绩，爸妈看到成绩时终于高兴了许多。如果他这次考砸了，就又要面对爸妈的批评和失望的眼神了。

冬冬

作弊是弄虚作假啊！我们都清楚，假的东西早晚会被拆穿，家长早晚会生气、会失望。而在被拆穿前，我们内心又将背负巨大压力。这件事情中你和朋友都要吸取教训，要知道，人生中有些捷径是可以走的，有些是不可以走的。

很多事情不能走捷径

1.不要通过不劳而获来走捷径

买彩票中奖，很多人错误地将它视为致富的捷径。希望少付出，但是能获得最大的利益，这是人类的天性。

买彩票就是一种以少博多的心理，只是大多数人即便买一辈子彩票也无法一夜暴富。

换个角度来看，通过买彩票来赚钱这件事情不仅不是捷径，甚至可以说是一条超级弯路。因为一个人花费巨大心力和财力去买彩票，中奖的概率却那么低。

所以说，我们在渴望以少博多的时候，要去考虑概率问题，如果是一件几乎不可能的事情，那么就不要去走这条捷径了，因为很有可能走的是弯路。

2.不要通过损人利己来走捷径

无论是破坏别人的劳动成果，还是去窃取别人的劳动成果，从本质上来说，就是对自己能力的质疑，担心凭自己的能力无法达到目标。

很多时候，对自己坦诚比对他人坦诚更难。当他人对自己坦诚的时候，我们就会发现，其实我们可以通过提升能力得到自己想要的，而不用背负内心压力去损人利己。

• 可以走的捷径

1.改善学习方法

钓鱼如果不放鱼饵，再努力也难钓上鱼。学习时如果不经常回过头来思考，也容易把一些时间浪费在无效学习上。

在思考改善学习方法的时候，千万不要掉入天上掉馅饼式捷径的误区。因为无论怎么改善学习方法，我们都不可能不费吹灰之力就获得大量知识，知识是靠天长地久积累的，需要付出时间和努力。

2.寻求他人的帮助

寻求他人的帮助可不是让家人帮你代写作业（当然，你提出这种要求，被家人揍的可能性更高），也不是去抄同学的作业，而是在遇到自己解决不了的难题时，要去询问同学、老师、家人。

要坦诚地面对自己不懂的事物，不必担心别人会觉得你笨。勇敢求助，往往还能让人对你求知的态度刮目相看呢。

男生的问题

如果大家都不向老师提问，就我去问，是不是显得我很笨？

不用顾虑太多，学习上有问题一定要及时问，如果不问的话，问题会越积越多。向老师提问其实没什么不好意思的，就算只有自己一个人不会又如何？每个人都会出现别人懂了而自己没懂的情况，怎么可能每个人的大脑都能完全同步呢？再说，去学校学习，本身就是为了让老师帮助我们从“不懂”变成“懂”的嘛。

失败不可怕

风风

行行，你那个厌学的朋友现在怎么样了？

行行

我正想和你说呢，之前在电话里，他一直不肯说原因。昨天我去他家看他，他这才告诉我，前段时间他参加学校歌唱大赛，因为太紧张，不仅跑调还忘词，引得同学哄堂大笑。回到班里后，同学还拿这件事和他开玩笑。那几天他走在学校里，总觉得别人在对自己指指点点。他觉得实在太丢人了，就躲在家里不愿意去学校了。

风风

总觉得别人在关注自己，这在心理学上叫作焦点效应，就是说人类往往会把自己当作一切的中心，会过高地估计他人对自己的关注程度。其实，就算别人和我们开几句玩笑，也不代表他们有多在乎我们。毕竟每个人最在乎的还是自己的事。不过，如果你的朋友因为这件事而影响到上学，他可能需要去做心理咨询。

行行

嗯，我和他妈妈说过了。

风风

那就好！其实，偶尔出丑会让我们更加有魅力呢。

行行

啊？为什么？

风风

这就是心理学中的出丑效应，就是说一个完美得无懈可击的人，不如一个很优秀的但偶尔出些小洋相的人更受欢迎。毕竟前者会让人产生不真实感和距离感，而后者就有血有肉、十分亲切。如果你能在出丑之后表现得坦然自若，还能跟着大家一起开心地嬉笑，这样反而会增加大家对你的好感度，觉得你乐观自信，非常有魅力。

风风

我明白了，这样会让人觉得他们更真实、更有趣、更有魅力。

冬冬

对的。在生活中，我们往往无法避免不如意的情况，当我们总担心自己会出丑、会失败时，我们就会变得畏首畏尾。所以，与其畏惧，不如想想怎么去面对。

• 失败是什么

如果说失败是目标的落空，是尝试过后的失望，那么只要我们没有停止尝试，失败就永远不会到来。

很多时候，人类产生挫败感是因为他们把做成一件事情的周期设想得太短了，恨不得一次就达成愿望，不然就视为失败。

那些能做出伟大事业的人，比如科学家，他们可能一生都在研究一件事，其间无数次的愿望落空并不会让他们产生挫败感，因为他们并不会因一次实验成败而定义是否成功，而是不断研究，不断接近成功。

对于他们来说，实验成功是他们的目标，但他们一生都在探索研究，这本身就是一种更高维度的成功。

• 失败不可怕

与其说失败，我更愿意说在未达到目标前的种种尝试都是试错。我们在试错的过程中，不断总结经验，积累能力，逐渐走向成功。

对于那些能用心分析失败原因、认真调整方向的人来说，每一次失败都是迈向成功的基石；对于一个浑浑噩噩、怨天尤人的人来说，失败就是砸向他的巨石。所以，一个人最后能把路走成什么样，除了机会与能力外，更多在于他如何看待失败。

• 允许情绪低落

人有得失心态很正常，即便我们努力调整，也不能否定这种心态在一定程度上会对我们造成心理影响。

在我们试错的过程中，如果有时产生低落情绪也不要紧，我们可以和值得信赖的人倾诉，也可以去做做运动或者出去旅行等。不轻言失败，不代表不能有情绪。

只要我们懂得去调节情绪，正视自己遇到的问题，不被情绪所控制就可以了。

CHAPTER 6

不可不知的网络生存守则

网络原住民的快乐生活

行行：每次看穿越剧，我都在想，让我穿越回去当皇帝我都不愿意。

风风：哈哈，为什么呀？

行行：没有手机，没有自动马桶，没有空调和暖气，还不能自由恋爱……简直太痛苦了……

风风：我都想象不出来，如果没有了网络，生活会变成什么样。

冬冬：在2016年，有人做了一个“72小时无网络生存测试”。在失去网络的72小时里，其中一个受试者因为不能用“APP”叫车，在马路边招了45分钟的手，导致上班迟到被扣了奖金。他和女朋友一起去看电影时只能现场购票，却被告知票卖完了，因此让女朋友十分不开心。后来他又遭遇了出去吃饭现金没带够的尴尬局面。

风风

我也看过这个测试，好像是为了致敬1999年的“72小时网络生存测试”而设计出来的反向测试。1999年的那个测试是要求受试者在只有网络、电子货币和一些现金的情况下，足不出户地生存三天。而那时候的网络远远没有像现在这样深地影响着人们的生活。其中一个受试者在没有食物和被子的情况下，试图通过网上购买，却被告知要出门汇款。最后他只能吃唯一一家能在网上订餐的饭店的豆浆、油条充饥，还要把窗帘拆下来取暖。另外一个受试者更惨，因为通过网络叫不到餐，在忍受了25小时的饥饿后退出了测试。那时候人们还都觉得，通过网络生活是一件很难实现的事情呢！

行行

没想到十几年变化就这么大。

冬冬

对呀，你有没有觉得网络就像我们的外挂一样？

行行

让游戏变得简易的外挂吗？

冬冬

对！今天的小课堂，我就来讲讲网络如何像外挂一样让生活变得便捷吧！

对于出生在网络时代的我们来说，网络一步步成了我们生活中的必需品，如同人手一个的外挂，让我们每个人都拥有一个超级强大的“外援”。这个“外援”知识渊博，随叫随到，能让生活变得更有趣，也让我们的自我提升变得更便捷。

• 娱乐上的外挂

很难想象，在以前的那个年代，人们只能被动地在电视上收看节目，在家看电影也得先买光碟。而在当下时代，我们随时可以在网络上搜索到大量的影视资源。

有时候选择多了，也是一件让人头疼的事情，因为我们需要认真甄别内容的优劣。比如，一部好的电影不仅让我们觉得故事有趣，还能启发我们思考，更加了解这个世界。一部不好的电影，则会让我们浪费两个小时的光阴。

那么在挑选电影、音乐、绘画、舞蹈之类的艺术作品时，除了选择自己感兴趣的之外，也可以去了解一下这个领域中一些大师级的标杆作品。这样的作品可以给我们带来许多启发，并提升我们的艺术审美能力。

注意事项

1. 付费收看收听，拒绝盗版。不伤害创作者的合法利益，尊重创作者的付出与版权。毕竟我们将来工作时，也希望他人尊重我们的劳动成果。

2.选择电影时要做一下分级，把包含恐怖、暴力和情色内容的电影排除在外，这类电影对我们尚未成熟的身心有着负面影响。

• 生活上的外挂

以前我们出门时要记着带这个带那个，而现在有什么是一部手机解决不了的呢？衣、食、住、行，我们似乎都能在手机上一键解决。

不过，这也给很多老年人带来困扰。比如，有些长辈不会用打车软件，经常在路边大包小包地打不到车。他们看着出租车呼啸而过，不知道司机为什么不理会自己招手，常常要等上几十分钟才能打上一辆车。

或许你也教过家中的长辈怎么使用购物软件、社交软件、打车软件等，但教了无数次他们还是记不住。

这个时候，我们应该多一些耐心，那些上了年纪的爷爷奶奶，的确没有我们对网络熟悉，甚至他们会对网络有畏惧心理。毕竟他们与我们出生的年代不同，而且年龄大了，接受新事物的速度会慢一些。

• 学习上的外挂

幸运的是，互联网这个外挂可以很大程度地帮助我们缩短教育资源的差距，帮助我们打开眼界，拓宽知识面。之前可能需要留学或者去一线城市的名校才能听到的名师课程，现在我们坐在家中用相对低廉的价格或免费就能获得。

对网络霸凌说“不”

行行：哥，你知道咱们学校有个男生被一群高三的学长围殴，还被他们扒裤子录了视频发到网上的事吗？

风风：听说了，没想到咱们学校竟然会有这样的人！

行行：那几个打人的男生要被开除呢！

风风：故意伤害和强行侮辱他人是要负法律责任的。他们不仅校园霸凌，还网络霸凌，简直太可恶了……

冬冬：今天我们就来一起聊聊网络霸凌吧！

什么是网络霸凌

霸凌是指一人或多人对他人进行重复的敌意攻击行为，包括肢体伤害、关系排挤、公然羞辱等行为。

霸凌者往往因为自卑，在社交关系中缺乏安全感，于是试图通过恃强凌弱的方式来展现自己的强大，以此满足因自卑而产生的虚荣心。

这样的人还非常喜欢通过贬损他人的方式来体现

自己的优越感。在展现的过程中，关注他的人越多，他就会越兴奋。他似乎一下子有了发言权、掌控权，极其享受带头伤害他人时那种一呼百应的感觉。

人们普遍认为网络霸凌与现实生活中的霸凌有很多不同。

比如，很多人可能会以为网络霸凌者是陌生人。其实，很多时候被霸凌者知道罪魁祸首是谁。因为霸凌者实施霸凌本身就是为了伤害他人，希望从受害者那里得到报复和发泄的快感，所以往往会透露自己是谁的信息。

网络霸凌和生活中的霸凌在动机上并没有差别，只是载体不同。并且，现在网络和现实生活的连接也越来越密切，很多网络上发生的事会影响到现实生活，现实生活中发生的事也会在网络上发酵。在校园中，也会有人通过网络来肆意传播流言，伤害、侮辱他人。

不同的是，网络霸凌比现实生活中的霸凌更具有伤害性，很容易造成大范围的攻击与不明真相的人们的传播与指责，并且网络霸凌的持续时间也会更长。

如何应对网络霸凌

下面我们讲讲如果不幸遇到网络霸凌，如何处理可以更快地摆脱霸凌。

1.报警

我们可以请求警察对网络霸凌自己的人进行口头警告，电话警告或当面警告都可以，这样做可以起到一定的震慑作用。

2.告知霸凌者的父母

霸凌者的父母往往不知道自己的孩子正在做的事情，霸凌者也害怕父母知道。如果可以，让你的父母去告知他父母，效果会更好。

3.告知学校

不必担心向老师告状丢脸，发生这样的事情，丢脸的应该是霸凌者。你可以让学校去要求霸凌者向你郑重道歉。

4.去法院起诉

如果他的父母不明事理，警察的警告也没有震慑到他，那么就可以拿起法律的武器保护自己。

5.忽视他们的存在

做了上面战术上的事情后，我们再做好自己的心理建设，把他们当作“小透明”。霸凌者最害怕就是你对他们无动于衷，这会让他们受挫，得不到快感，这样就不会再去纠缠你了。尤其是网络霸凌，很少有霸凌者会持续骚扰对自己不理不睬的人。过好自己的生活，就是对他们最大的藐视。

6.多人行动

对方如果试图对你进行肢体伤害，尽量减少单独行动，也尽量不要去偏僻的角落。上下学可以和朋友、同学一起，或让家人接送。

7.保护其他被霸凌者

当其他人被霸凌的时候，我们要在保护好自己的前提下，挺身而出，成为强大的保护者，至少要做到不能为霸凌推波助澜。

网络安全无小事

行行

前几天我听说有个大学生在网上赌博，输了整整5万元！

冬冬

啊？他怎么会网上赌博呢？

风风

听说是在网上认识了一个女生，两个人聊得很投机，后来那个女生经常聊着聊着就消失，刚开始时他问女生干什么去了，女生还不说，只说去赚点儿零花钱。他就很好奇，一直追问，后来女生告诉他是通过一个网站去赌博，赚了不少零花钱。这个男生信以为真，也上了那个网站。刚开始，的确赢了不少，但后来就越输越多。女生就告诉他，大家都有这种情况，只要借些网贷再去追加，就又赚回来了。

冬冬

那肯定是没赚回来了……

行行

对呀，现在他欠的网贷也还不上，那些网贷的人还给他身边的朋友、同学都打了电话，催他还款呢，于是这件事就在整个学校闹得沸沸扬扬了。

冬冬

但凡是正规的贷款机构，无论是银行还是网络贷款公司，都不会借款给没有偿还能力的学生。所以一旦遇到诱惑学生去贷款的网贷公司，一定是以把一个家庭坑到倾家荡产为目的的违法组织。

行行

哎，真是一次上网聊天引起的血雨腥风呀！

冬冬

那种在生活中不怀好意的人，到了网上他们也不会突然变成好人，依旧是需要我们防范的人。接触网络其实就是接触这个社会，如果把网络想象得过于纯净，没有自我保护的意识，就很容易遇到各种麻烦。今天我就来和你们讲讲网络安全原则和如何避免成为“网中之物”。

• 网络社交要注意安全

在网上结交朋友也是锻炼社交能力的一种方式，还可以让我们跨越千山万水认识很多有趣的人，一起做许多有趣的事情。

不过，因为网络交友与现实交友有所不同。比如，在现实生活中，我们不会把自己的隐私告诉一个刚认识的人。但网络容易让我们放松警惕，轻信对方。

网络上遇到的人其实也是现实生活中的人，形形色色的都有，所以我们一定要懂得在网络社交中保护自己。避免遇上心怀叵测的人对我们的生活造成骚扰，甚至威胁生命安全。

千万不要说，我是男孩子，怕什么呀，我又不会吃亏。

如果对方对你没有恶意，那的确不会对你造成什么伤害。但有的时候，你以为你是在和一个女孩子聊天，其实她背后是一个犯罪集团。

比如，她会问你想不想看她穿着暴露的照片或视频，还告诉你她要保护自己的隐私，让你上某个应用程序（APP），等你上去之后，她的确会让你看照片或视频，但那很可能只是下载的照片或视频，并不是她本人的。然后她说也要看看你的，等你让她看过后，她就会告诉你，通过下载应用程序已经获取了你的通讯录，如果你不给她打钱，她就把你们的聊天记录和你的照片发给所有人。

所以，在聊天的过程中，千万不要发穿着暴露的照片，也不要裸聊。

另外，不要给别人发女生的私密照片和录像等，这不仅是对女生的不尊重，会对女生本人造成严重的伤害，而且是违法的行为。

再比如，她会约你线下见面，等你到了她所在的城市后，她会说她爸妈今天晚上不在家，约你晚上去她家住，等你高高兴兴来到她家，结果发现自己进了传销团伙，想跑都来不及了。

• 网贷是陷阱不是馅饼

网贷会让我们掉入消费主义陷阱，不懂得理性消费，而是不断地看到什么就想拥有什么，不会去思考这件物品究竟值不值得花掉我们或者父母辛辛苦苦赚来的钱。

或许你会说，我借了马上还不就没问题了吗?

绝大多数人借网贷是因为膨胀的物质欲和他们的赚钱能力不平衡导致的，这样的人借到钱之后就去花钱买东西了。买完之后，他们赚的钱还是只能够满足生活中其他开销，根本没有余钱来还上借的钱。

再加上这种网贷利息和手续费非常高。有些网贷应用程序背后的老板都是同一拨人，一旦你还不上，他们会诱导你去他们旗下其他应用程序继续借款，来偿还之前的欠债，这样他们便可以再次收取高额的手续费、服务费等，从中获利更多。

比如，你借3000元，到手只有2000元，因为那1000元以各种费用为名被扣掉了，但你要还的本金则是按3000元算的。再加上你要还的高额利息，最后要还的钱可能翻了几倍。

这样翻倍后，学生本人肯定是没有能力还的，虽然有的学生宁愿向网贷公司借款也不跟父母说，就是不想让父母知道，但网贷公司所利用的正是这种心理和学生阅历少的特点，把钱贷给学生以牟取暴利。

• 不要轻信可以快速赚钱的方法

网上有很多“快速赚钱之道”，我们平时可能不会相信，但往往一着急用钱，就会觉得有可能是真的了。

网络和现实生活一样，都没有天上掉馅饼的事情，掉下来的只有或大或小的陷阱。看起来越是能发大财的机会往往越是大陷阱。那些动不动就甩卖的不是好货，动不动就能发大财的事儿也不是什么好事儿，比如传销、刷单、网络赌博等。

还有一些招聘看似正规，但需要的学历低，对能力要求也不高，工资却很高，这种也一定要小心，毕竟事出反常往往可能是陷阱。

为什么会迷恋游戏

行行：一起打呀，你们跑什么呀？哎呀，怎么又团灭了！

风风：行行，你怎么还没睡呀？明天咱们还要一起去爬山呢，你别起不来了。

行行：最后一局，打完这一局我马上睡！

风风：这话你已经说5遍了，缺乏可信度。

行行：不玩了，不玩了，啊，我又输了……哥，我还是睡不着……

风风：当然啦，刚玩完刺激的游戏，大脑还兴奋着呢。

行行：哥，你是如何做到说玩59分钟游戏就绝对不玩一个小时的？我为什么一玩起来就停不下来呢？其实我也知道不应该再玩了，玩的时候心里想着玩完这一局立即睡，但一局结束，如果输了我就想，赢一局就一定睡；如果赢了我就想，这会儿手感正好，再玩一局再睡……反反复复，一局又一局，结果就打了好长好长时间。

风风

既然你要聊聊这件事儿，我就精神了。你妈前两天才跟我说，让我和你好好聊聊打游戏的事儿呢。

行行

她跟你说我们因为成绩退步的事吵架了？

风风

对呀，本来打游戏是为了放松心情，和家人一闹矛盾就没法轻松了吧？

行行

是呀……我也知道打游戏影响了学习，甚至有时候打着打着我也在想，不能再这样了！可就是忍不住打，一打就又停不下来。我也不知道该怎么办。

冬冬

那今天我就熬夜和你们讲讲如何去掌控游戏，而不是被游戏掌控吧！

游戏设计师的任务就是让游戏者在打游戏时打得停不下来，所以，我们不用去责备自己的意志力薄弱，只需要一些小方法就可以解决这个问题。

让不快乐变得有限

停不下来，当然是因为打游戏真的很快乐呀！学习虽然也会让我们有成就感，带来快乐，但不得不承认的是，无论是学习文化知识还是学习画画、乐器之类，在学习的过程中总是会伴随着枯燥与痛苦。

如果我们限定自己快乐的时间（如打游戏）只有一个小时或者半个小时，而不限定自己感到乏味、痛苦的时间，那么我们就会觉得快乐过后，痛苦的时间将显得无限长，而压力也显得无限大……

是不是想想就更不乐意去学习了呢？

所以我们要做的事情就是把不快乐的时间也设定好期限。

例如，周六和周日在家，我们不要只规定自己玩一个小时游戏，而是要提前一天将第二天的时间安排好，比如几点到几点背书，几点到几点做题，几点到几点打游戏。尽量不要把打游戏的时间放在睡觉前，因为很容易去牺牲睡眠而再多玩一会儿。

另外，我们可以买一个时间管理日程本，更方便、更有效。

了解自己通过游戏在回避的问题

焦虑感往往是沉迷游戏的头号原因，无论是外貌焦虑、人际关系焦虑，还是对学业的焦虑，都会让我们不由自主地沉迷游戏。因为游戏可以让我们把注意力都集中进去，从而暂时忘却那些让人烦心的事情。

可惜回避问题就像把伤口遮掩起来，不去处理只会让伤口发炎溃烂，更加严重。

那么，不要回避自己正在焦虑的问题，这些就是我们首先要做的事情。

例如，课业紧张带来的焦虑感，害怕面对考试失败，这种焦虑感和害怕就会让人产生逃避心理。游戏则会变成我们逃避的洞穴，只有鼓起勇气直面这些恐慌，才能帮助我们走出游戏这个洞穴。

• 了解自己通过游戏满足了什么需求

通过游戏我们可以满足各种心理需求，比如我们对于成就感的需求。生活中没有得到的成就感，通过游戏可以满足。在课业上，因为班里的第一名只能有一个，而大部分人都不是那个第一名。但在游戏里，无论水平怎样差，也总能打赢几次。

可惜的是，除非是职业游戏选手，其他人是无法一直通过游戏彻底满足成就感的。更容易出现的情况是，花在游戏上的时间过多后，在课业上、生活中的挫败感达到了99，而游戏满足的成就感只能达到20或30，内心的挫败感始终没办法得到安抚。

不如尝试多发掘一些自己有兴趣并能让自己在生活中持续获得成就感的技能，比如画画、舞蹈、主持、表演、乐器、视频剪辑等。培养这些技能，不仅可以让我们获得成就感，而且可以帮我们挺过那些孤独落寞的时刻。

再如，我们对于社交关系的需求。当现实生活中的交友情况不能满足我们的社交需求时，那么我们就会通过游戏、网络来实现这种需求。

这种退而求其次的方式不是完全没有用处，而是从心理学上来说，人类的社交需求很难被网络社交满足，并且现实生活中的人际关系如果糟糕的话，依旧会对我们的内心有很大影响。所以我们也要满足自己对现实生活中社交关系的需求。

CHAPTER 7

跟父母沟通真的那么难吗

为什么父母总是不懂我

行行：哥，你有没有觉得，人越长大越孤单。

风风：你怎么突然有了这样的感慨呢？

行行：我觉得，爸妈越来越不懂我，他们根本都不知道我喜欢什么，想要什么。

风风：为什么一定要让他们懂你在想什么呢？

行行：因为我希望爸妈能够懂我呀！

冬冬：想和爸妈交流自己的想法，让他们了解你，这是好事儿。但我们也要明白，在这个世界上，无论是父母还是朋友，没有人能够完全读懂对方的心思。就像我们经常会疑惑为什么父母不懂我们，其实我们又何尝了解父母呢？

行行：希望父母懂自己，就要跟他们好好地沟通，但也不要强求父母和我们思维同步，对吗？

冬冬：对！

· 千变万化的想法

进入青春期后，我们会对很多问题产生困惑，这意味着我们对于这些问题的答案产生了不确定性。产生这种不确定性，证明我们开始有了思考，这是一种成熟的表现。但青春期我们面临的变化实在太多，问题扑面而来，大部分也还没来得及找到心中的答案。因此这种不确定性会表现得更加明显，比如今天我们还在和妈妈说感觉她太辛苦了，明天又会和她说人活着谁不辛苦……妈妈会很奇怪我们的想法怎么变来变去的，我们的脑子里到底在想什么。

当觉得家长不懂我们的时候，不该一味地责怪他们为什么不懂我们，而是应该找到方法让他们能够了解我们想要的是什么。

或许你会说："我告诉他们了呀！"很多时候，我们在交流上有一个误区，以为"告诉"就是告诉父母自己的状态，比如"我不高兴"，而没有告诉他们希望他们如何做。

想让父母懂我们的唯一方式，就是在适当的时机让父母了解我们的想法，告诉他们需要他们做什么。如果你的想法发生变化，也要及时告诉他们，免得他们做了我们不希望他们做的事情。当然，我们也有必要解释一下为什么想法发生了变化，帮他们理解我们。

尊重是相互的事情

因为尊重是相互的，所以想要得到他人的尊重就要懂得尊重他人。尤其是在交流的时候，我们也需要让父母感受到我们是尊重他们的。

比如，我们不希望自己在和父母说话时被打断，那就要做到在父母说话时不打断他们，而是认真地看着他们，让他们明白，我们在倾听。

再如，我们可以友善地通过重复他想要表达的话，来让他们明白我们在认真听，以及确认我们没有理解错他们的意思。

另外，不同的个体，想法必然是不同的，哪怕是父子、母子，想法也不见得相同。我们无法强迫父母的想法和我们一样，我们能做的就是让他们更了解我们的想法，并尝试在不同的想法之间找一个双方都能接受的平衡点。

• 非暴力沟通法

如果想让父母尊重、理解我们，良好的沟通方式不可或缺。

我们在和他人沟通时，尤其是想法不一致时，会条件反射地说出让对方伤心、愤怒的话。我们既没有清晰、真实地表达自己，更没有去尊重与倾听他人。

人类在听到批评时，下意识地就会申辩、退缩或者反击，这会让交流变得无效。然而，当我们尝试着专注于观察、感受以及需要，而不是急于指责或反驳他人时，我们便能更好地说出自己的需求。

沟通的方法

1.你在沟通前要思考清楚，比如，思考一下通过这次沟通你想达到什么目的。思考一下抱怨、指责、大吵大闹的行为能否达到想要的目的，这种情绪发泄会不会伤害父母。

2.尽量客观描述让你生气的事情，例如，“妈，我看到你在家族群里说我的缺点了。”而不是“妈，你怎么总在家族群里说我啊！”

3.描述你的感受，例如，“我不高兴。”“我很难过。”“我很害怕。”

4.说出感受背后的需求，例如，“因为我不想被家人认为是很糟糕的孩子。”

5.讲出你的具体请求，例如，“以后不要在家族群里说我的缺点好吗？”

• 以正确的方式去交流

或许你会说，为什么他们不好好跟我说话，却要求我好好跟他们说话呢？

有时候，我们可能要接受一个现实，那就是父母比我们“笨”。这个“笨”不是说他们的智商比我们低，而是说他们可能不太懂正确的交流方式，需要我们来教他们。

也有可能是，因为他们的父母从来没教过他们如何正确地交流，也没教过他们如何表达自己的感受。

所以，当你学习了前面的内容，懂得什么是正确的交流方式，而他们还不懂时，那么你就应该去引导他们学会正确表达，并且用自己的行为给他们树立榜样。

比如，你的父母让你删掉微信朋友圈里发布的一些文字。他们用的是命令的口气，显然不是你愿意接受的。此时，你可以引导父母换一种交流方式，比如可以告诉父母：“你们直接命令我删掉朋友圈的文字，会让我觉得不被尊重，你们可以讲讲为什么希望我不要发那些文字吗？”

如果他们说的原因不能和你的想法达成一致，也不要急于说：“你们根本不懂！”“你们这样的想法真的很好笑……”而是需要向他们解释一下他们无法理解的那些事情。

与父母沟通的5大妙招

1.找到矛盾，比如，你们发生争吵是因为打游戏的时间太长。

2.列出你们的需求，比如，你的需求：希望父母不要管你玩游戏；父母的需求：不要因为打游戏影响到学业与健康。

3.在不影响你们彼此需求的层面寻找解决办法，比如，和父母协商玩游戏的时间，凡是在协商好的时间里玩游戏，父母不能去打扰你；你提升成绩，经常锻炼身体，避免他们担心游戏对你学业和健康的影响。

4.寻求虽影响彼此需求但都能接受的解决办法，比如，在考上大学之前不再玩游戏，考上后给你一个暑假的时间自由自在地玩游戏。

5.用非暴力的方式与对方沟通。

男生的问题

如果我学会了用正确的方式跟父母交流，但他们依然采用指责、否定的方式，那该怎么办呢？

如果我们改变了沟通方式，他们一定会感受到的，并在这种良好影响下改变沟通方式的。不过，不要急于让他们改变，多一些耐心。

换位思考一下，即便我们今天学会用正确的方式交流，之后还是可能一着急就开始指责、埋怨他们呢。不如慢慢地提醒自己，也提醒他们，和他们一起去调整沟通方式。

接受分歧，尊重父亲

行行：刚听了一首歌，说父亲都是沉默的付出，爱得深沉。我就想起了我爸，他爱得一点儿都不深沉，每天恨不得告诉我一百遍他多么爱我……

风风：哈哈，新时代的父亲嘛。不过，我们要体谅他们的技能生疏、不够完美。

行行：哎，小时候总觉得爸爸是完美超人，他什么都懂，是世界上最厉害的人。可是我们长大后慢慢地发现，原来爸爸并不是超人，他也有很多不会的、不懂的、无能为力的事情……

冬冬：失望了吗？

行行：失望倒没有，就是有些失落……

冬冬：那今天咱们就来聊聊父子之间的那些事儿吧，看看能不能让你开心一些。

爸爸不是超人了

小时候，父亲在我们眼中是无所不能的。当我们渐渐地长大，我们会发现他们也不是完美的，这时候我们的内心会产生质疑与埋怨，觉得心中那座巍峨的大山变成了小土坡。

这种想法会有意无意地表现在父子间的互动中，既会让父亲觉得伤心，也会随着时间的推移导致父子之间产生隔阂与矛盾。

之前他们比我们高大、比我们能干，总能做到我们做不到的事情，可现在我们长高、长大了，甚至比他们还要强壮，他们能做到的事情，我们似乎也都能做到了。我们不再需要他们了。其实，我们错了，因为家人之间需要的不是崇拜，而是爱。

爸爸只是一个平凡的男人，有种种不完美，这个世界上厉害的人虽然有很多，但和我们在感情上有羁绊的寥寥无几，而爸爸就是其中一个。

所以，我们应该带着爱意与温暖和他相处，给予他微笑与信任，而不是因为他不够完美就忽视他。

当放下对爸爸的过度期许后，我们反而更容易发现他身上的闪光点。他身上可能有很多我们视如平常其实很厉害的优点呢。

• 父与子的分歧

小时候，我们几乎都跟同学说过这么一句话：“我爸爸说……”

那时候，爸爸带领着我们一点一点认识这个世界，是我们思想的启蒙者。但我们在进入青春期后，跟他们在观点上的冲突却日渐增多。

对于这些矛盾，我们想要跟他们讨论，甚至大多数时候我们觉得自己的想法比他们的想法更有道理。

我们大可以为自己逐渐成熟的逻辑能力、辩论能力而骄傲，但爸爸既然能养育出优秀的我们，必然也有其优秀的地方，再加上他的人生阅历比我们更丰富，那么，听听他的想法，也可以为我们理解事物提供新的视角。

当跟爸爸出现争执的时候，我们不妨想想，自己到底在反抗什么，是反抗他的权威家长态度，还是反抗他与我们不一致的观点？

如果是后者，我们大可不必生气，无论是与爸爸的相处，还是与同学、朋友相处，都会有这样的情况发生。我们无法要求别人的观点与我们完全一致，但可以和对方辩论。

与父母辩论时的注意事项

1. 讨论不是侮辱，与父母探讨不同的观点，重要的是逻辑辩论，切不可进行人格侮辱。比如：“你根本什么都不懂”“你都跟不上时代了，能懂什么呀！”

2. 注意场合，有些场合适合辩论，有些场合则不适合辩论，比如，在家庭聚会中我们如果一直在质疑父母的观点，这会让他们下不来台，这种窘迫的感觉会让他们听不进去我们的话。

3. 没有绝对的正确答案，很多时候我们和父母对问题有不同的看法，是因为我们所站的角度不同，并且我们的想法本身也不是一成不变的，所以我们的想法也不是真理，不要强迫父母接受，更无须为别人观点与自己不一致而感到愤怒。

学会正确跟父母沟通

行行：唉，我刚刚又跟妈妈吵了一架。

风风：怎么回事呀？

行行：我去卫生间的时候把手机放在了餐桌上，结果回来的时候，发现她在偷看我手机。她这是不尊重我的隐私。

风风：我妈也是这样。有一次我和朋友一起去看电影，在电影院里，我把手机调成了静音，她打了几个电话没人接就直接跑到电影院门口等我，还偷偷跟着我，被我发现了。

行行：是呀，你都这么优秀了，还有什么可担心的。我妈也是，我平时也表现挺好的呀，干吗这么关注我的隐私呢？

冬冬：那平时如果她们问：“最近在学校怎么样呀？”你们是怎么回答的呢？

风风：就答："挺好的呀！"

行行：就答："还行啊！"

冬冬：青春期的少年总会因为觉得自己已经是大人了，也把社交的重心从父母身上转移到朋友身上，所以很少和父母去聊自己在学校的事情，这会让家长无法了解你们的近况，于是只能选择用这种方式去了解你们。

行行：可是我跟他们说的时候，他们又会过分干涉我的事情。

冬冬：那我们今天就深入地聊聊怎么解决这个问题吧。

面对未知与变化的恐惧

如果说我们突然发现最好的朋友发生了很大变化，比如他之前很阳光，现在却变得很消沉，或者之前和我们无话不谈，现在却对我们爱搭不理，那我们会不会很想知道到底发生了什么？

爸爸妈妈们面对的就是这样的问题，我们曾经是他们最了解、最熟悉的人，可我们进入青春期后，好像慢慢地远离了他们，成了他们最熟悉的陌生人，他们便开始有些惊慌失措地看着我们发生着变化。而且，他们是我们的监护人，对我们有保护的义务。

人对于未知的事情和剧烈的变化都会或多或少产生恐惧感，父母也一样，他们害怕我们会去做一些危险的事情。很多时候父母并不想侵犯我们的隐私，可是他们没有其他办法了解我们的状况。他们越不了解就越害怕，甚至彻夜难眠。

• 用分享代替“还行吧”

我们当然可以有自己的小秘密，并把它藏在心里，同时把那些我们觉得可以分享的事情，在父母问我们近况时告诉他们，让他们安心一点儿。虽然这些只是我们眼中的小事儿，但往往就能让父母觉得他们离我们的世界并不远。

比如，和朋友一起去看电影；前两天班里竞选班干部；文艺晚会上同学表演了什么节目；最近对哪个科目比较头疼，他们当时在学这个科目的时候有没有什么好的学习方法等。

另外，如果生活中真的出现了我们无法解决或者危险的事情，告诉父母是最好的选择，他们会尽全力保护我们不受伤害。尽管告诉父母后可能会因为自己的一些错误而挨批评，即便这样也要第一时间告诉父母，因为这些超出我们能力范围的事情可能会越拖越糟糕。

• 用表达感受代替争吵

当人与人之间产生矛盾的时候，相互指责与争吵是最无效的解决办法。

比如，当发现父母偷看我们的日记时，我们不要说："你为什么总是这样！""你一点儿都不在乎我的感受！""你能不能尊重我一点儿！"而是把这样的指责变为感受的表达："我知道你们关心我，但你们这种方式会让我感觉没有被尊重。你们可以直接和我交流，我一直把你们当作最信任的人。我也希望在跟你们说话的时候，你们不是一上来就批评，而是能认真倾听，和我一起想解决问题的办法。"

尊重父母的选择

行行：我朋友的爸爸妈妈离婚了。哥，你会不会担心爸爸妈妈离婚呀？

风风：不担心，他们每天秀恩爱呢。你爸妈不是感情也很好吗？

行行：我听朋友说，他爸妈离婚前一点儿征兆都没有，从来没说过要离婚的事情，结果说离婚就突然离婚了……

风风：啊？他什么都没有察觉到吗？

行行：他发现他爸妈最近不怎么说话，但他们从来没跟他提过想要离婚的事情。

风风：虽然说父母间的争吵的确不该让孩子卷进去，但如果要离婚，起码得提前一段时间告诉孩子吧，让孩子有一个适应的过程。不然变化太大，的确会对孩子产生巨大的心理冲击。

行行

唉，他们为什么要离婚呢？难道他们不爱对方，不爱自己的孩子了吗？

冬冬

父母决定离婚并不是不爱自己的孩子，他们不会因为离婚就抛弃自己的孩子。父母离婚可能有很多原因，他们曾经因为彼此相爱所以才结婚，但现在必须分开。因为对现在的他们来说，也许分开才是最好的选择。分开不意味着不相往来，父母和孩子对于彼此来说永远都是重要的亲人。

行行

面对父母离婚我们该怎么办呢？

冬冬

那就小课堂见吧！

• 尊重父母的选择

父母之间的感情原本就应该由他们自己来决定，虽然我们希望他们可以永远幸福地生活在一起，但他们之间存在的问题让分开成了更好的选择。

在这个世界上，生活方式有很多种，没有哪种方式是唯一的答案。我们只不过是要体验一种和其他孩子不一样的生活方式。

虽然说父母选择了分开，但他们依然是爱我们的，我们也依然是尊重和爱他们的，只是这两个爱我们的人不在一起生活了。

这种生活方式或许一开始会让我们有些不适应，但并不影响我们经营幸福的生活。

既然不必执着于哪种生活方式才能给我们带来幸福，那么也就没必要执着地让父母按照某种方式来生活。尊重他们的选择，或许能让他们更早一些找到内心的幸福感，他们依然是我们深爱的父母，我们依然是他们心爱的孩子。既然爱他们，哪怕我们心中不情愿他们分开，也要祝福他们都可以得到自己想要的幸福！

• 提前了解未来的安排

当父母向我们宣布了他们要分开的消息，我们内心或许会产生强烈的不安，那么就去向父母了解他们分开后的打算以及如何安排我们的生活，这样会减少我们的不安。

也许我们会发现，他们离婚并不是没有考虑我们，而是对于我们以后的生活有一定的安排，他们对于我们未来的生活非常在乎。

如果他们的意见暂时不一致，我们也无须着急。对于他们来说，离婚后的生活对他们来说也需要重新安排的，所以难免会出现意见不同的情况。对他们来说，我们的未来是重中之重，他们需要更多考量才能做出决定。

无论我们最后跟谁一起生活，这一定是他们再三衡量后最好的安排，那个没有和我们一起生活的家人，也不是要离开我们了，而是在距离我们远些的地方爱着我们。

当然，如果我们有明确想要跟着一起生活的家人，也可以和爸爸妈妈商量，并告诉他们这样选择的原因。如果觉得选择的原因会伤害到另外一方，那么我们尽量选择一些不会让家人感到难过的理由。

• 继续我们自己的生活

面对父母离婚，我们难免会感到难过，但不要因此就放弃自己的喜好、社交、学业。如果因为难过而放弃这些，我们的心情会更加不好。

父母的分开也许会让我们的生活、社交、学习环境有所改变，但我们的生活依旧要继续，尽量不要让家庭生活影响到我们的生活。

另外，如果面临移居异地，不必担心会失去老朋友，只要是真正的朋友，距离并不会让我们疏远。相反我们还多了认识新朋友的机会呢。况且，无论去哪里，都有爱我们的家人在身边。

即便他们的分开会对我们的生活造成一些影响，但我们已经是青春期少年了，应该有能力去面对和解决，只是在处理的时候没那么容易而已。相信自己，我们一定可以的！